Les Meilleures
RECETTES NATURELLES

Les Meilleures

RECETTES NATURELLES

Gründ

TABLE

ONT COLLABORÉ À CE LIVRE :
Texte anglais de Brian Binns, Carol Bowen, Caroline Ellwood, Clare Ferguson, Carole Handslip, Gwyneth Loveday, Rhoda Newman, Julia Roles
Illustrations originales de Clive Streeter
Adaptation française de Christine Colinet, Anne Dechanet, Claude Dovaz, Anne-Marie Thuot, Nadine Touzet

NOTES
Toutes les cuillères sont rases

Utilisez, dans la mesure du possible, des herbes fraîches. Si vous n'en avez pas, remplacez-les par des herbes séchées (en divisant la quantité par deux).

Si vous n'avez pas de levure de boulanger fraîche, utilisez de la levure de conserve, en divisant la quantité par deux.

Quand une recette indique du poivre, utilisez du poivre noir fraîchement moulu.

Le four doit toujours être préchauffé à la température indiquée.

GARANTIE DE L'ÉDITEUR
Pour vous parvenir à son plus juste prix, cet ouvrage a fait l'objet d'un gros tirage. Malgré tous les soins apportés à sa fabrication, il est malheureusement possible qu'il comporte un défaut d'impression ou de façonnage. Dans ce cas, ce livre vous sera échangé sans frais.
Veuillez à cet effet le rapporter au libraire qui vous l'a vendu ou nous écrire à l'adresse ci-dessous en nous précisant la nature du défaut constaté. Dans l'un ou l'autre cas, il sera immédiatement fait droit à votre réclamation.
Librairie Gründ, 60 rue Mazarine, 75006 Paris.

Première édition française 1987 par Librairie Gründ, Paris

ISBN : 2-7000-5792-9
Dépôt légal : août 1987

Photocomposition : Eurocomposition, Sèvres
Imprimé par Mandarin Publishers Limited, Quarry Bay, Hong Kong
Édition originale 1986 par Octopus Books Limited

INTRODUCTION

Les bases de la cuisine naturelle sont la consommation, dans leur saison, des meilleurs produits frais, une préparation culinaire préservant les éléments nutritifs fondamentaux et un choix d'ingrédients favorisant la santé.

La cuisine naturelle, qu'il faut se garder de confondre avec le végétalisme, lequel exclut de l'alimentation les produits du règne animal (viande, poisson, œufs, laitages, miel), est une cuisine simple et saine utilisant exclusivement des aliments naturels, sans aucun additif, tels que la nature les a donnés à l'homme, avant que celui-ci ne leur retire, en les traitant industriellement, des fibres alimentaires, des vitamines, des minéraux, et n'y ajoute des colorants, des agents de conversation, de stabilisation, de sapidité, un surcroît de sel, de sucre et des substances aromatiques souvent superflues.

Son adoption ne vous obligera pas à renoncer à tous les mets que vous aimez — les recettes réunies dans ce livre le prouvent abondamment. Si toutefois vous êtes méfiants, modifiez graduellement vos habitudes : substituez le pain complet au pain blanc, le riz non décortiqué au riz poli, le sucre roux et le miel au sucre raffiné, et remplacez les préparations industrielles par des légumes et des fruits frais, des légumes secs non traités, des céréales complètes, des pâtes à la farine complète, des œufs et du fromage. Pour choisir et préparer vos aliments, suivez les recommandations des diététiciens d'aujourd'hui : moins de matières grasses, de sucre, de sel ; davantage de fibres alimentaires, de fruits et de légumes. Remplacez les graisses animales par des margarines végétales.

La cuisine naturelle ne vous entraînera pas à des dépenses supplémentaires. Au contraire, vous découvrirez qu'elle est plus économique : des plats de résistance à base de légumineuses, de haricots secs, de riz, de légumes et de pâtes à la farine complète sont, sans conteste, meilleur marché.

Vous devrez parfois adapter vos recettes favorites, les céréales complètes cuisant plus lentement et exigeant davantage de liquide, les fruits et les légumes secs devant être préalablement trempés pour les attendrir. Remplacez le sel en excédent, les condiments industriels et les aromates synthétiques, et découvrez toute une gamme de saveurs nouvelles grâce à une utilisation habile des herbes aromatiques, des épices, des huiles et des vinaigres aromatisés, des extraits de levure, des semences concassées ainsi que du miel, de la mélasse, du sucre roux et des sirops, qui remplacent avantageusement le sucre blanc.

Les recettes figurant dans ce livre — faciles à réussir — ont été conçues pour faire ressortir toute la saveur des produits naturels.

POTAGES ET ENTRÉES

Un potage parfumé aux aromates, décoré d'une élégante volute de crème ou de yaourt nature ; un poisson mariné ou confit au vinaigre, saupoudré d'herbes aromatiques fraîches ciselées ; une mousse onctueuse tartinée sur des toasts de pain complet ; un dip original que l'on déguste avec des bâtonnets taillés dans des légumes frais et croquants, des biscuits salés ou des tranches de pain chaud cuit à la maison — tels sont quelques-uns des potages et des entrées que propose la cuisine naturelle.

Tirez le meilleur parti possible de ces aliments facteurs de santé que sont les légumes verts, le fromage, les noisettes, les différentes sortes de haricots et de céréales, et vous découvrirez des soupes aux haricots secs reconstituantes, contrastant avec des champignons farcis délicats, une salade rafraîchie de melon et d'anchois voisinant avec des œufs cocotte, des brochettes de poisson savoureuses rivalisant avec de chauds potages aux légumes ou à l'orge, propres à calmer une faim dévorante.

Que vous ayez besoin d'un hors-d'œuvre pour un dîner de fête ou d'un simple amuse-gueule pour un déjeuner rapide, les recettes qui suivent vous enchanteront. Des préparations originales comme du saumon émincé à l'aneth, un éventail de tranches d'avocat avec une vinaigrette à la framboise, ou un gratin d'aubergines, de mozzarella et de sauce tomate fraîche vous vaudront des compliments.

Nombre de ces recettes peuvent être préparées à l'avance et réchauffées avant le repas. Donnez libre cours à votre imagination en les servant avec des garnitures variées, comme celles qui sont suggérées plus loin.

Soupe fraîche à la menthe

300 g de yaourt nature maigre
15 cl de jus de tomate
20 cl de lait
1 gousse d'ail écrasée
1 cuillère à soupe de menthe hachée
1/2 concombre en dés
sel et poivre
brins de menthe

Dans une jatte, mélangez au mixeur le yaourt et le jus de tomate ; incorporez le lait, l'ail, la menthe hachée, le concombre, le sel et le poivre. Versez dans une soupière et tenez au frais pendant 2 heures.

Décorez avec les feuilles de menthe au moment de servir.

Pour 4 personnes

Potage aux lentilles

2 cuillères à soupe d'huile
1 oignon haché
1 carotte en dés
1 céleri en dés
1 gousse d'ail hachée
125 g de lentilles
50 cl de bouillon ou d'eau
sel et poivre
1 cuillère à soupe de persil haché

Dans une grande casserole, faites chauffer l'huile, ajoutez l'oignon, la carotte et le céleri ; laissez fondre. Ajoutez le reste des ingrédients, sauf le persil, assaisonnez. Amenez à ébullition, laissez mijoter 45 minutes, en remuant de temps en temps. Rectifiez l'assaisonnement si besoin est.

Versez dans une soupière chaude et saupoudrez de persil haché avant de servir.

Pour 4 personnes

Soupe fraîche à la menthe ; potage aux lentilles

Soupe à l'orge perlé

750 g de collier d'agneau
1 l de bouillon de bœuf
1 bouquet garni
sel et poivre
50 g d'orge perlé
250 g de carottes coupées en rondelles
4 branches de céleri coupées fin
2 oignons coupés en rondelles
2 poireaux coupés en rondelles
2 navets coupés en dés
10 cl de vin blanc sec

Mettez le collier dans une grande casserole avec le bouillon et le bouquet garni ; salez et poivrez.

Portez à ébullition et écumez. Couvrez et laissez frémir 1 h 30, en écumant de temps en temps.

Retirez la viande, et mettez l'orge et les légumes dans la casserole. Portez à ébullition, couvrez et laissez frémir 30 minutes. Retirez le bouquet garni.

Séparez la viande des os et ajoutez-la à la casserole ainsi que le vin blanc. Portez à ébullition et laissez frémir 5 minutes.

Dégraissez la surface de la soupe avant de servir.

Pour 6 à 8 personnes

NOTE : pour un meilleur résultat, préparez la soupe un jour à l'avance. Laissez-la toute une nuit au réfrigérateur. Retirez le gras en surface, puis portez la soupe à ébullition.

Pour garnir

Qu'il s'agisse d'une soupe riche et colorée, ou d'un potage fin et délicat, vous en améliorerez la présentation en l'offrant avec une garniture. Saupoudrez d'herbes aromatiques hachées ou ciselées (aneth, ciboulette, menthe, origan, persil, thym ou autre), de parmesan ou de comté râpé ; proposez des croûtons de pain complet aillés ou un légume frais haché (concombre, cresson, feuilles de céleri, piments doux).

Décorez d'une élégante volute de crème double ou de yaourt nature qui, de plus, rendra le potage plus onctueux.

Pour des occasions spéciales, pensez à préparer des croûtons de pâte brisée ou feuilletée ; faites un mince rouleau de pâte que vous couperez en rondelles ; variez les formes, dorez à l'œuf et cuisez au four chaud 10 à 15 minutes.

Si vous êtes pressée, émincez quelques champignons de Paris, découpez des rondelles ultra-minces de poivrons de diverses couleurs ou décorez avec un brin d'herbe aromatique.

Soupe aux adukis

125 g de haricots adukis
2 cuillères à soupe d'huile
1 oignon haché
1 céleri en dés
1 carotte en dés
1 gousse d'ail écrasée
2 tomates hachées
1 cuillère à soupe de concentré de tomates
1 feuille de laurier
1 cuillère à café de thym
1 l de bouillon ou d'eau
sel et poivre

Faites tremper les haricots dans de l'eau froide 3 heures ; égouttez bien.

Faites chauffer l'huile dans une grande casserole, ajoutez l'oignon, le céleri et la carotte ; faites revenir. Ajoutez le reste des ingrédients, assaisonnez. Amenez à ébullition et laissez cuire doucement 1 heure.

Versez dans une soupière chaude et saupoudrez de persil au moment de servir.

Pour 4 personnes

NOTE : à défaut, remplacez les adukis par des haricots rouges.

Soupe aux adukis

Minestrone

2 cuillères à soupe d'huile
2 oignons hachés
2 carottes hachées
3 branches de céleri hachées
1 poireau haché
2 gousses d'ail écrasées
125 g de chou vert émincé
1 bouquet garni
2 l d'eau
4 cuillères à soupe de concentré de tomates
4 tomates pelées et hachées
2 cuillères à soupe de persil haché
25 g de pâtes à la farine complète
sel et poivre

Faites chauffer l'huile dans une grande casserole, ajoutez et faites revenir l'oignon. Ajoutez les carottes, le céleri, le poireau, l'ail, couvrez et laissez cuire doucement 10 minutes. Ajoutez le reste des ingrédients, portez à ébullition, couvrez et laissez frémir doucement 30 à 40 minutes ; les légumes doivent être tendres. Retirez le bouquet garni.

Servez dans une soupière avec du parmesan.

Pour 8 personnes

Bouillon d'orge

40 g d'orge complet
2 cuillères à soupe d'huile
1 oignon haché
2 branches de céleri hachées
3 carottes émincées
2 gousses d'ail écrasées
1 navet haché
75 g de haricots verts effilés
1 bouquet garni
1,5 l d'eau
1 cuillère à soupe de sauce soja
sel et poivre
4 tomates pelées et hachées
2 cuillères à soupe de persil haché

Couvrez l'orge d'eau et laissez-le tremper 1 heure. Égouttez-le et laissez-le de côté.

Faites chauffer l'huile dans une poêle, faites revenir l'oignon. Ajoutez le céleri, les carottes, l'ail, le navet, couvrez et laissez cuire doucement 10 minutes, en remuant de temps en temps.

Ajoutez l'orge, les haricots verts, le bouquet garni, l'eau, la sauce soja, salez, poivrez, couvrez et laissez frémir 45 minutes.

Ajoutez les tomates, le persil et laissez cuire encore 10 minutes. Rectifiez l'assaisonnement et retirez le bouquet garni. Servez dans une soupière.

Pour 6 à 8 personnes

NOTE : l'orge complet est l'équivalent diététique de l'orge perlé, car il n'est pas décortiqué.

Soupe lentilles et céleri

2 cuillères à soupe d'huile
1 oignon haché
3 branches de céleri hachées
1 gousse d'ail pilée
175 g de lentilles corail
1 l d'eau
1 bouquet garni

Faites chauffer l'huile dans une grande casserole et faites revenir l'oignon. Ajoutez le reste des ingrédients, portez à ébullition, couvrez et laissez frémir 35 minutes, en tournant de temps en temps.

Rectifiez l'assaisonnement, retirez le bouquet garni et servez dans une soupière.

Pour 6 personnes

A GAUCHE : *minestrone ; bouillon d'orge ; soupe lentilles et céleri*
A DROITE : *soupe aux pois cassés ; soupe de soissons*

Soupe de pois cassés

1 cuillère à soupe d'huile
1 oignon haché
1 gousse d'ail écrasée
2 branches de céleri hachées
250 g de pois cassés ayant trempé toute une nuit
1,5 l d'eau
1 bouquet garni
sel et poivre
menthe pour décorer

Faites chauffer l'huile dans une casserole, ajoutez et faites revenir l'oignon. Ajoutez l'ail, le céleri et laissez cuire 5 minutes, en tournant de temps en temps.

Égouttez les pois, mettez-les dans la casserole avec le reste des ingrédients, couvrez et laissez bouillir rapidement 10 minutes, puis laissez cuire à petits frémissements 2 à 3 heures. Retirez le bouquet garni.

Laissez refroidir légèrement et passez la moitié de la soupe au mixeur. Versez dans la casserole et passez le reste. Faites réchauffer la soupe, en lui ajoutant un peu d'eau si elle est trop épaisse. Servez dans une soupière, décoré de menthe.

Pour 4 à 6 personnes

Soupe de soissons

250 g de soissons ayant trempé toute une nuit
1 l d'eau
sel et poivre
2 cuillères à soupe d'huile d'olive
1 gros oignon haché
2 branches de céleri hachées
2 gousses d'ail écrasées
2 cuillères à soupe de persil haché

Égouttez les haricots et mettez-les dans une casserole avec l'eau. Couvrez, portez à ébullition et laissez frémir 1 h à 1 h 30, en ajoutant un peu de sel en fin de cuisson. Égouttez les haricots et mettez de côté le liquide de cuisson.

Faites chauffer l'huile dans une casserole, ajoutez et faites revenir 5 minutes l'oignon, le céleri et l'ail.

Passez au mixeur la moitié des haricots avec 50 cl du liquide de cuisson. Mélangez cette purée avec l'oignon, le céleri, l'ail, le reste des haricots et portez à ébullition. Salez, poivrez et laissez cuire 30 minutes.

Servez dans une soupière et saupoudrez de persil.

Pour 4 à 6 personnes

Soupe à la tomate

30 g de beurre
2 gros oignons hachés
30 g de farine
1 kg de tomates pelées, épépinées et hachées
1 gousse d'ail écrasée
1 branche de romarin
1 branche de thym
50 cl de bouillon de poule
sel et poivre
15 cl de crème fraîche
1 jaune d'œuf
125 g de gruyère râpé

Faites fondre le beurre dans une casserole et faites fondre l'oignon 10 minutes sans qu'il prenne couleur. Ajoutez la farine et tournez 1 minute. Ajoutez les tomates, l'ail, les herbes, le bouillon, salez et poivrez.

Portez à ébullition, couvrez et laissez frémir 30 minutes ; les tomates doivent être tendres. Laissez refroidir légèrement, puis passez le tout au mixeur et faites réchauffer dans la casserole.

Mélangez la crème et le jaune d'œuf, puis incorporez-les à la soupe et faites réchauffer doucement, sans bouillir.

Ajoutez le fromage et servez aussitôt.

Pour 6 à 8 personnes

Crème au fromage

40 g de beurre
3 gros oignons hachés
2 boîtes (400 g chacune) de consommé de bœuf
15 cl de vin blanc sec
1 bouquet garni
sel et poivre
8 tranches de pain de 1 cm d'épaisseur, grillées
8 tranches de gruyère de 5 mm d'épaisseur
6 cuillères à soupe de parmesan râpé

Faites fondre le beurre dans une casserole et faites-y dorer les oignons, environ 30 minutes. Ajoutez le consommé, le vin, le bouquet garni, salez et poivrez. Portez à ébullition, couvrez et laissez mijoter 20 minutes. Retirez le bouquet garni.

Disposez une couche de pain grillé au fond d'une grande cocotte. Couvrez-la d'une couche de gruyère, puis saupoudrez de parmesan. Répétez jusqu'à épuisement des ingrédients, en terminant par une couche de fromage.

Versez le liquide et passez 20 minutes au four (180°) ; le fromage doit être fondu.

Servez aussitôt.

Pour 4 à 6 personnes

NOTE : cette soupe délicieuse, mais consistante, peut servir de plat unique suivi d'une salade.

Soupe à la tomate ; crème au fromage

Soupe au fenouil

30 g de beurre
1 oignon haché
4 bulbes de fenouil émincés
1 bouquet garni
1 l de bouillon de poule
sel et poivre
3 jaunes d'œufs
jus de 1 citron
POUR DÉCORER :
feuilles de fenouil
croûtons

Faites fondre le beurre dans une casserole et faites-y revenir l'oignon sans qu'il prenne couleur. Ajoutez le fenouil, puis le bouquet garni, le bouillon, salez et poivrez. Portez à ébullition, couvrez et laissez frémir 30 minutes.

Retirez le bouquet garni et laissez refroidir légèrement. Passez le tout au mixeur, puis réchauffez. Délayez les jaunes d'œufs avec le jus de citron et quelques cuillères de soupe.

Incorporez à la soupe et servez aussitôt avec les feuilles de fenouil et les croûtons.

Pour 6 personnes

Crème de poulet

1 gros oignon hâché
2 branches de céleri coupées fin
2 grosses carottes coupées fin
1 poireau coupé fin
1 poulet de 1,250 kg
1 bouquet garni
1 pincée de muscade
zeste râpé et jus de 1/2 citron
sel et poivre
40 g de beurre
40 g de farine
2 jaunes d'œufs
15 cl de crème fraîche

Mettez les légumes et le poulet dans une grande casserole ; couvrez d'eau. Ajoutez le bouquet garni, la muscade, le zeste et le jus de citron, salez et poivrez. Portez doucement à ébullition, écumez, puis couvrez et laissez frémir 1 heure ; le poulet doit être tendre.

Retirez le poulet, enlevez environ 250 g de chair que vous découperez en dés et que vous mettrez de côté. Passez le bouillon et mettez-en la valeur de 1,2 l de côté. Laissez refroidir, puis dégraissez-le.

Faites fondre le beurre dans une casserole, ajoutez la farine et tournez 1 minute, sans qu'elle prenne couleur. Incorporez peu à peu le bouillon mis de côté, portez à ébullition et laissez frémir 2 minutes. Ajoutez les dés de poulet.

Mélangez les jaunes d'œufs et la crème fraîche. Retirez le potage du feu et incorporez-lui le mélange. Servez aussitôt.

Pour 6 personnes

NOTE : le reste du poulet vous servira pour un autre plat.

Soupe au fenouil ; crème de poulet ; soupe aux cœurs d'artichauts

Soupe aux cœurs d'artichauts

1 kg de cœurs d'artichauts crus
jus de 1 citron
30 g de beurre
1 gros oignon émincé
50 cl de bouillon de poule
30 cl de lait
sel et poivre
15 cl de crème fraîche
2 cuillères à soupe de persil haché

Après les avoir préparés, placez les cœurs d'artichauts dans une jatte avec le jus de citron et suffisamment d'eau pour qu'ils soient couverts.

Faites fondre le beurre dans une casserole et faites fondre l'oignon. Égouttez les cœurs d'artichauts et mettez-les dans la casserole avec le bouillon, le lait, salez et poivrez. Portez à ébullition, couvrez et laissez frémir 35 à 40 minutes ; ils doivent être tendres. Laissez refroidir un peu.

Passez le tout au mixeur, puis faites réchauffer dans la casserole. Incorporez la crème, le persil et servez.

Pour 4 à 6 personnes

Soupe glacée à la coriandre

300 g de yaourt nature
15 cl de jus de tomate
30 cl de lait
1 gousse d'ail pilée
1 petit concombre pelé et coupé en cubes
2 cuillères à soupe de menthe hachée
sel et poivre
menthe pour décorer

Mélangez dans une jatte le yaourt et le jus de tomate. Ajoutez le lait, l'ail, le concombre, la menthe, salez, poivrez. Mettez 2 heures au réfrigérateur.

Versez dans une soupière et décorez avec la menthe.

Pour 4 personnes

Soupe ardéchoise

1 cuillère à soupe d'huile
1 oignon haché
2 branches de céleri hachées
50 cl d'eau
1 bouquet garni
sel et poivre
1 boîte (430 g) de purée de marrons
30 cl de lait
POUR SERVIR :
4 cuillères à soupe de yaourt
1 cuillère à soupe de persil haché

Faites chauffer l'huile dans une casserole, ajoutez et faites revenir l'oignon. Ajoutez le céleri, l'eau, le bouquet garni, salez, poivrez, couvrez et laissez frémir 20 minutes. Ajoutez la purée de marrons, le lait et laissez frémir 10 minutes. Retirez le bouquet garni.

Laissez refroidir légèrement et passez le tout au mixeur. Faites réchauffer dans la casserole. Versez dans une soupière et ajoutez le yaourt en spirale à la surface. Saupoudrez de persil.

Pour 6 personnes

Brochettes de lotte

500 g de lotte détaillée en cubes
sel et poivre
1 poivron vert coupé en dés
1 boîte (225 g) d'ananas en morceaux
1 cuillère à soupe d'huile
250 g de germes de soja
1 cuillère à soupe de sauce soja
2 ciboules hachées
MARINADE :
15 cl d'huile d'olive
1 petit oignon haché
2 gousses d'ail écrasées
1 cuillère à café de moutarde
2 cuillères à café de vinaigre de cidre

Mettez le poisson dans un plat creux, versez dessus tous les ingrédients de la marinade, mélangez, salez, poivrez et laissez reposer 1 heure.

Plongez le poivron 1 minute dans de l'eau bouillante. Égouttez l'ananas et mettez de côté le jus.

Répartissez le poisson, le poivron et l'ananas sur 8 brochettes. Faites-les cuire 5 minutes sous le gril en les arrosant avec la marinade.

Pendant ce temps, faites chauffer l'huile dans une poêle, ajoutez et tournez 2 minutes les germes de soja. Versez la sauce soja, le jus d'ananas, salez, poivrez et laissez cuire 2 minutes. Disposez sur un plat de service chaud et saupoudrez de ciboule.

Posez dessus les brochettes et servez.

Pour 4 personnes

Soupe de roussette au cresson

50 cl de lait
1 bouquet garni
2 échalotes hachées
250 g de roussette hachée
125 g de cresson
15 cl de crème fraîche
POUR DÉCORER :
branches de cresson (facultatif)
croûtons

Portez à ébullition dans une casserole le lait, le bouquet garni et l'échalote. Ajoutez le poisson, le cresson et laissez frémir 10 minutes. Passez au mixeur.

Reversez dans la casserole, incorporez la crème fraîche et faites réchauffer doucement sans bouillir.

Servez dans des bols, décoré avec du cresson et des croûtons.

Pour 4 personnes

A GAUCHE : *soupe glacée à la coriandre, soupe ardéchoise*
A DROITE : *brochettes de lotte ; soupe de roussette au cresson*

CI-DESSUS : *soupe de concombre glacée*
A DROITE : *saumon mariné*

Soupe de concombre glacée

25 g de beurre
1 concombre haché
2 échalotes hachées
30 cl de lait
2 gousses d'ail écrasées
1 feuille de laurier
sel et poivre
1 cuillère à soupe de menthe hachée
1 cuillère à soupe de ciboulette hachée
250 g de crevettes décortiquées
30 cl de crème fraîche

Faites fondre le beurre dans une casserole, ajoutez le concombre, les échalotes, couvrez et laissez cuire 5 minutes.

Ajoutez le lait, l'ail, le laurier, salez, poivrez et laissez frémir 10 minutes. Retirez le laurier et passez le tout au mixeur. Versez dans une soupière, incorporez les herbes, les crevettes et la crème. Mettez 2 heures au réfrigérateur.

Décorez de menthe et de concombre.

Pour 4 personnes

NOTE : vous pouvez aussi servir cette soupe chaude.

Spaghettis à l'ail

500 g de spaghettis frais
5 cuillères à soupe d'huile d'olive
4 gousses d'ail écrasées
25 g de beurre
3 cuillères à soupe de persil haché

Faites cuire les spaghettis *al dente*.

Pendant ce temps, faites chauffer l'huile dans une poêle, ajoutez l'ail et faites-le dorer, sans cesser de tourner.

Égouttez les spaghettis, mettez-les dans un plat chaud et tournez-les dans le beurre. Versez le contenu de la poêle, tournez, puis ajoutez le persil et servez aussitôt.

Pour 6 personnes

Ravioli alla fiorentina

1 kg d'épinards
125 g de beurre
25 g de farine
250 g de ricotta
3 jaunes d'œufs
1 pincée de muscade
sel et poivre
50 g de parmesan râpé

Faites cuire les épinards 3 minutes. Égouttez-les et passez-les sous l'eau froide. Pressez-les avec vos mains, puis hachez-les et laissez-les de côté.

Faites fondre 25 g de beurre dans une casserole, ajoutez la farine et tournez 2 minutes. Ajoutez la ricotta.

Baissez le feu et ajoutez les épinards, les jaunes d'œufs, la muscade, salez, poivrez et tournez 1 minute. Retirez du feu et laissez refroidir complètement.

Séparez ce mélange en petites saucisses d'environ 2 cm de long et laissez-les sécher 1 heure.

Faites-les cuire successivement 4 minutes dans de l'eau bouillante salée ; les ravioli sont cuits quand ils remontent à la surface. Retirez-les avec une écumoire et mettez-les dans un plat chaud.

Incorporez le reste de beurre. Saupoudrez de parmesan et servez aussitôt.

Pour 6 personnes

Mousse aux herbes et au fromage

350 g de fromage blanc non battu, égoutté
1/2 concombre en dés
1 cuillère à soupe de persil haché
1 cuillère à soupe de ciboulette hachée
1 cuillère à soupe de thym haché
sel et poivre
15 g de gélatine délayée dans 3 cuillères à soupe d'eau froide
15 cl de mayonnaise
cresson pour servir

Dans un saladier, mettez le fromage blanc, le concombre, les herbes, assaisonnez et mélangez bien.

Mettez la gélatine ramollie dans l'eau dans un saladier au-dessus d'une casserole d'eau frémissante et faites dissoudre. Laissez refroidir un peu, puis incorporez la préparation au fromage et à la mayonnaise.

Versez dans un moule à savarin beurré de 80 cl, laissez prendre au réfrigérateur. Démoulez sur un plat de service et garnissez avec le cresson.

Pour 6 personnes

Saumon mariné

750 g-1 kg de queue de saumon, écaillée et taillée en filets
MARINADE :
1 cuillère à soupe rase de sel de mer
1 cuillère à soupe de sucre
1 cuillère à café de grains de poivre écrasés
1 cuillère à soupe de cognac
1 cuillère à soupe d'aneth haché
POUR DÉCORER :
aneth

Mélangez tous les ingrédients de la marinade et versez-en un quart dans un plat.

Posez sur le plat un filet de poisson, la peau touchant la marinade. Versez la moitié du reste de marinade et posez un autre filet de poisson la peau apparente.

Couvrez avec le reste de marinade et frottez-en la peau du poisson. Couvrez de papier aluminium, posez dessus un poids et laissez 12 heures au moins au réfrigérateur.

Découpez le saumon en fines tranches et décorez avec l'aneth. Servez avec de la moutarde douce.

Pour 4 à 6 personnes

Tagliatelles aux trois fromages

50 g de beurre
1 oignon haché
2-3 gousses d'ail écrasées
125 g de lardons
200 g de bel paese et gruyère râpés
75 g de parmesan râpé
30 cl de crème fraîche
500 g de tagliatelles fraîches
2 cuillères à soupe de persil et ciboulette hachés
1 cuillère à soupe de basilic haché

Dans une casserole, faites fondre la moitié du beurre, ajoutez l'oignon et l'ail, et faites revenir 3 minutes sans prendre couleur. Ajoutez les lardons, laissez cuire 5 minutes, en tournant de temps en temps. Incorporez les fromages et la crème, puis retirez du feu.

Faites cuire les pâtes *al dente*. Égouttez-les et mettez-les dans un plat de service chaud, et tournez-les dans le reste de beurre.

Réchauffez la sauce en ajoutant les herbes, puis versez-la sur les pâtes, tournez et servez aussitôt.

Pour 4 à 6 personnes

Salade de melon aux anchois

1 melon de taille moyenne
1 boîte (50 g) de filets d'anchois
jus de 1 citron
jus de 1 orange
feuilles de cresson pour décorer

Coupez le melon en deux et ôtez les graines. Retirez la chair en lui donnant la forme de boules ou de cubes.

Égouttez les filets d'anchois et gardez 1 cuillère à soupe d'huile. Coupez-les en fines lanières et ajoutez-les au melon.

Mélangez le jus de citron, le jus d'orange et l'huile mise de côté, puis nappez-en le melon. Mettez à glacer et décorez avec le cresson avant de servir.

Pour 4 personnes

Fettuccines sauce champignon

500 g de fettuccines (pâtes fraîches italiennes)
sel et poivre
50 g de beurre
1 gousse d'ail écrasée
175 g de champignons hachés
10 cl de crème fraîche
2 jaunes d'œufs
parmesan râpé pour servir

Faites cuire les pâtes à l'eau bouillante salée 3 minutes ; elles doivent être juste tendres.

Pendant ce temps, faites fondre le beurre dans une casserole et faites-y revenir l'ail, sans prendre couleur, puis les champignons 2 minutes. Ajoutez la crème et laissez frémir 10 minutes. Retirez du feu et laissez ainsi 2 minutes avant d'incorporer les jaunes d'œufs.

Égouttez les pâtes et passez-les dans la sauce.

Servez aussitôt avec le parmesan.

Pour 6 personnes

Fèves à la grecque

2 cuillères à soupe d'huile
1 gousse d'ail hachée
1 oignon haché
500 g de fèves décortiquées
8 tomates pelées, épépinées et hachées
2 cuillères à soupe de vin blanc sec
1 cuillère à soupe de persil haché
1 feuille de laurier
sel et poivre

Faites chauffer l'huile dans une casserole et faites revenir l'ail et l'oignon, 4 à 5 minutes, sans prendre couleur.

Ajoutez les fèves, puis le reste des ingrédients, salez et poivrez. Portez à ébullition, couvrez et laissez mijoter 15 minutes ; les fèves doivent être tendres. Retirez le laurier et laissez refroidir pour servir glacé.

Pour 4 personnes

NOTE : vous pouvez utiliser des fèves congelées : laissez cuire le mélange 10 minutes avant de les ajouter.

A GAUCHE : *salade de melon aux anchois*

A DROITE : *avocat en salade ; filets de hareng fumés ; crème d'aubergines*

Avocat en salade

2 avocats
125 g de crevettes décortiquées
4 cuillères à soupe de vinaigrette (page 93)

Coupez les avocats en deux, retirez les noyaux. Épluchez-les, coupez la chair en morceaux ; mettez-la dans un saladier avec les crevettes et la sauce. Mélangez et répartissez dans des ramequins ; servez avec des tartines de pain.

Pour 4 personnes

Filets de hareng fumés

8 filets de hareng fumés
1 oignon en lamelles
8 grains de poivre
2 feuilles de laurier
8 cuillères à soupe d'huile
2 cuillères à soupe de vinaigre de cidre

Enlevez la peau des filets et mettez-les dans un plat creux en terre ou en porcelaine avec l'oignon, les grains de poivre et les feuilles de laurier. Versez dessus l'huile et le vinaigre, couvrez et laissez mariner 24 heures en tournant une ou deux fois.

Servez frais avec des tartines de pain complet.

Pour 4 personnes

Crème d'aubergines

2 grosses aubergines
1 gousse d'ail écrasée
2 cuillères à café de jus de citron
2 cuillères à soupe d'huile d'olive
sel et poivre
2 cuillères à soupe de persil haché
POUR SERVIR :
persil haché
rondelles de citron

Piquez les aubergines avec les dents d'une fourchette, coupez-les en deux, posez-les à plat sur une tôle beurrée. Mettez-les à cuire dans un four (190°), 30 à 40 minutes. Pelez-les, passez la chair au mixeur avec l'ail et le jus de citron, en ajoutant l'huile peu à peu. Vous pouvez aussi passez la chair en morceaux dans une passoire ; ajoutez l'ail, le jus de citron et l'huile en filet, en battant bien.

Assaisonnez, incorporez le persil et répartissez dans de petits ramequins. Gardez au frais jusqu'au moment de servir. Garnissez de persil haché et de rondelles de citron ; servez accompagné de pain complet.

Pour 4 personnes

Haricots blancs d'Espagne

250 g de haricots blancs d'Espagne, trempés la veille
sel
4 cuillères à soupe de sauce vinaigrette (page 93)
4 ciboules hachées
1 gousses d'ail écrasée
1 cuillère à soupe de persil haché

Mettez les haricots égouttés dans une casserole, couvrez-les d'eau froide. Amenez à ébullition et laissez cuire à feu doux 1 h à 1 h 15 ; salez un peu en fin de cuisson, égouttez.

Mélangez les haricots encore chauds à la sauce, ajoutez les ciboules et l'ail. Versez dans un plat de service et laissez refroidir. Au moment de servir saupoudrez de persil.

Pour 4 personnes

Salade de melon

2 petits melons
4 tomates pelées et coupées en morceaux
175 g de raisins noirs, coupés et épépinés
3 cuillères à soupe de sauce mixte (page 91)
1 cuillère à soupe de graines de sésame
menthe pour décorer

Coupez les melons en deux ; évidez l'intérieur avec un instrument pour faire des boules, ou coupez la chair en dés. Dans un saladier mettez la chair du melon, les tomates et les grains de raisins ; versez la sauce dessus. Mélangez bien, puis répartissez dans les coques de melon. Saupoudrez avec les graines et garnissez avec la menthe.

Pour 4 personnes

Haricots blancs d'Espagne ; salade de melon

Œufs cocotte au saumon

50 g de saumon fumé en petits morceaux
4 œufs
sel et poivre
4 cuillères à soupe de crème fraîche

Répartissez le saumon dans 4 ramequins beurrés. Cassez un œuf dans chacun, salez, poivrez et répartissez la.crème.

Faites cuire 10 à 15 minutes au bain-marie au four (180°).

Pour 4 personnes

Dip sauce piquante

250 g de fromage blanc non battu
150 g de yaourt nature maigre
1/2 poivron rouge haché fin
1/2 poivron vert haché fin
1 cuillère à soupe de concombre haché fin
50 g de jambon haché fin
1/2 cuillère à café de moutarde
tabasco selon votre goût
sel poivre
POUR SERVIR :
carottes en bâtonnets
branches de céleri en bâtonnets
1 petit chou-fleur en bouquets

Mettez le fromage blanc dans une jatte et battez le yaourt avec le fromage. Ajoutez le reste des ingrédients, salez, poivrez et mélangez bien.

Disposez le tout dans un saladier que vous mettrez à refroidir au réfrigérateur jusqu'au moment de servir.

Servez avec des légumes crus posés posés sur un plat.

Pour 6 personnes

Ramequins de poulet

Ramequins de poulet

10 cuillères de gelée de veau
12 feuilles de basilic
125 g de restes de poulet cuit, en dés
75 g de cantal râpé
1/2 cuillère à café de sel de céleri
1/2 cuillère à café de paprika

Faites fondre la gelée de veau. Ciselez six feuilles de basilic. Mélangez les dés de poulet, le fromage, le sel de céleri, le paprika et passez au mixeur.

Incorporez la moitié de la gelée à cette pommade et répartissez-la dans six ramequins. Posez dans chacun une feuille de basilic et versez par-dessus le reste de la gelée. Placez au frais pour faire prendre.

Servez en hors-d'œuvre avec des toasts beurrés ou, pour un brunch, accompagné d'une salade mixte céleri-ananas-cresson.

Pour 6 personnes

Pâté de kipper

500 g de filets de kippers
65 g de beurre
125 g de fromage blanc non lissé
2 cuillères à soupe de jus de citron
poivre
quartiers de citron et d'orange

Faites cuire les filets de kippers selon les indications de votre poissonnier, émiettez-les avant de les passer au mixeur avec 25 g de beurre, le fromage, le jus de citron, le poivre.

Répartissez le mélange dans des ramequins et lissez la surface. Faites fondre le reste de beurre et répartissez sur chaque ramequin. Mettez à glacer au moins 2 heures au réfrigérateur avant de servir.

Décorez avec les quartiers de citron et d'orange.

Pour 4 à 6 personnes

Crêpes au kipper

PATE À CRÊPE :
125 g de farine complète
1 œuf
30 cl de lait
1 cuillère à soupe d'huile
GARNITURE :
350 g de tomates hachées
4 ciboules hachées
poivre
1 kipper émietté

Mettez la farine dans une jatte, ajoutez l'œuf, puis battez peu à peu le lait.

Faites chauffer l'huile dans une poêle de 20 cm de diamètre, versez 2 cuillères à soupe de pâte et laissez cuire jusqu'à ce que cela soit doré sur les bords. Tournez la crêpe et laissez cuire 20 secondes sur l'autre côté. Mettez-la sur une assiette et tenez au chaud pendant que vous faites cuire les 6 autres crêpes au fur et à mesure.

Pour la garniture, portez à ébullition dans une casserole les tomates, les ciboules, le poivre et laissez frémir 5 minutes. Ajoutez le poisson.

Répartissez la garniture entre les crêpes, pliez-les en triangles et servez aussitôt.

Pour 6 personnes

Soupe de Nouvelle-Angleterre

50 g de beurre
2 ciboules hachées
40 g de farine
1 pincée de Cayenne
sel et poivre
50 cl de fumet de poisson
200 g de clams cuits retirés de leur coquille
125 g de crevettes décortiquées
1 boîte (200 g) de maïs égoutté
2 pommes de terre en cubes
15 cl de crème fraîche
1 cuillère à soupe de persil haché

Faites fondre le beurre dans une casserole et faites revenir les ciboules. Ajoutez la farine, le piment, salez, poivrez et laissez cuire 1 minute. Incorporez peu à peu le fumet de poisson, puis portez à ébullition. Ajoutez les clams, les crevettes, le maïs, les pommes de terre et laissez frémir 15 minutes.

Incorporez la crème fraîche et décorez avec le persil.

Pour 4 personnes

Moules farcies

2,5 l de moules fraîches
2 verres de vin blanc sec
2 gousses d'ail
6 branches de persil haché
6 branches de marjolaine hachées
50 g de beurre ramolli
2 cuillères à soupe de parmesan râpé
basilic ou persil pour décorer

Placez les moules dans une casserole, ajoutez le vin et portez à ébullition. Laissez cuire jusqu'à ce que les coquilles soient ouvertes et jetez celles qui restent fermées. Passez le jus de cuisson. Écrasez l'ail et les herbes dans un mortier. Ajoutez le beurre et le fromage, et écrasez pour obtenir une pâte lisse.

Retirez les coquilles vides et répartissez le beurre d'herbes sur les moules ; disposez-les sur des plats individuels allant au four. Mouillez avec le jus de cuisson.

Faites dorer sous le gril et servez aussitôt décoré de persil ou de basilic.

Pour 4 personnes

Pâté de kipper ; crêpes au kipper ; soupe de Nouvelle-Angleterre

Avocat au sésame

Avocat au sésame

2 gros avocats
jus de 1 petit citron
2 pamplemousses, épépinés et coupés en morceaux
1 cuillère à soupe de menthe ciselée
1 petite laitue
2 cuillères à soupe de graines de sésame
branches de menthe

Pelez les avocats, coupez-les en deux dans le sens de la longueur et retirez le noyau. Coupez la chair en tranches, mettez-les dans un saladier et frottez-les avec le jus de citron. Ajoutez les pamplemousses, la menthe et mélangez en remuant doucement.

Disposez les feuilles de laitue sur des assiettes. Répartissez la salade d'avocat, parsemez de graines de sésame. Garnissez de menthe.

Pour 4 personnes

Risotto aux champignons

50 g de beurre
1 oignon haché
1 gousse d'ail hachée
350 g de riz complet
25 cl de vin blanc sec
30 cl de bouillon de poule (environ)
1 bouquet garni
sel et poivre
125 g de champignons hachés
1 pincée de safran
50 g de parmesan râpé

Faites fondre le beurre dans une casserole et faites dorer l'oignon et l'ail 10 minutes à feu doux. Ajoutez le riz et le vin. Portez à ébullition et laissez bouillir jusqu'à ce que le vin ait réduit de moitié. Ajoutez les deux tiers du bouillon, le bouquet garni, salez et poivrez. Laissez cuire, sans couvrir, 35 à 40 minutes ; le riz doit être à peine tendre ; ajoutez un peu de bouillon si nécessaire pour éviter que le risotto ne se dessèche.

Ajoutez les champignons et le safran. Laissez cuire encore 3 minutes. Rectifiez l'assaisonnement. Saupoudrez de parmesan et servez aussitôt.

Pour 6 personnes

Pilaf de foies de volaille

125 g de lard fumé
25 g de beurre
2 gousses d'ail hachées
250 g de foies de volaille hachés
50 g de champignons hachés
25 cl de vin blanc sec
1 bouquet garni
175 g de riz complet
sel et poivre
30 cl de bouillon de poule
3 cuillerées à soupe de crème fraîche
2 cuillerées à soupe de persil haché

Découennez le lard et coupez-le en petits morceaux.

Faites fondre le beurre dans une casserole et faites revenir le lard 2 minutes à feu doux. Ajoutez l'ail, les foies, et laissez cuire 5 minutes en tournant de temps en temps. Ajoutez les champignons, le vin, le bouquet garni, le riz, salez et poivrez. Versez le bouillon, portez à ébullition, couvrez et laissez mijoter 40 minutes.

Retirez le couvercle, augmentez le feu et tournez jusqu'à ce que le riz soit juste tendre et le liquide complètement absorbé. Retirez le bouquet garni.

Juste avant de servir, incorporez la crème et le persil. Servez aussitôt décoré de rondelles de citron.

Pour 4 à 6 personnes

Avocats aux framboises

2 avocats coupés en deux et dénoyautés
1 cuillère à soupe de jus de citron
125 g de framboises
2 cuillères à soupe d'huile d'olive
1 cuillère à soupe de vinaigre de vin
sel et poivre
fenouil

Pelez les avocats et mettez-les sur un plat, face coupée sur le plat. Coupez-les en lamelles et décalez-les légèrement. Badigeonnez de jus de citron.

Passez les framboises au tamis, puis mélangez-les avec l'huile, le vinaigre, salez, poivrez. Disposez autour des avocats. Décorez avec le fenouil et servez.

Pour 4 personnes

Champignons gratinés

500 g de champignons
2 cuillères à soupe d'huile
2 gousses d'ail écrasées
2 cuillères à soupe de ciboulette et persil hachés
1 jaune d'œuf
2 cuillères à soupe de crème
50 g de chapelure de pain complet
1/2 cuillère à café de thym
sel et poivre
SAUCE :
25 g de beurre
25 g de farine complète
30 cl de lait
50 g de gruyère râpé
POUR DÉCORER :
1 cuillère à soupe de parmesan râpé
20 g de chapelure de pain complet
branches de thym

Retirez la queue de 16 champignons. Faites chauffer l'huile dans une poêle et faites revenir les 16 têtes de champignons 2 minutes. Répartissez-les dans 4 plats à four individuels, la partie arrondie sur le fond du plat.

Hachez les queues et le reste des champignons, puis mélangez-les avec le reste des ingrédients. Répartissez dans les têtes.

Pour la sauce, faites fondre le beurre dans une petite casserole, ajoutez et tournez la farine. Retirez du feu, incorporez le lait, puis laissez épaissir à feu doux, salez, poivrez. Ajoutez le gruyère et versez sur les champignons.

Mélangez le parmesan et la chapelure, et répartissez sur les plats. Faites cuire 20 minutes au four (180°). Décorez de thym.

Pour 4 personnes

Avocats aux framboises ; champignons gratinés

Salade à la mozzarella

3 grosses tomates
1/4 de concombre
1 poivron vert
1 poivron rouge
2-3 courgettes
250 g de mozzarella
4 ciboules hachées
SAUCE :
6 cuillères à soupe d'huile d'olive
3-4 cuillères à soupe de jus de citron
1-2 gousses d'ail écrasées
1 cuillère à soupe de persil et basilic hachés
sel et poivre

Coupez en rondelles fines les tomates, le concombre, les poivrons, les courgettes, le fromage et disposez-les sur un plat comme sur la photo ci-dessous. Saupoudrez de ciboule.

Mélangez tous les ingrédients de la sauce, versez-la sur la salade, couvrez et laissez 30 minutes au réfrigérateur. Retirez la salade 15 minutes avant de servir.

Pour 4 à 6 personnes

Crudités sauce cacahuète

2 cuillères à soupe d'huile de tournesol
1 oignon haché
2 gousses d'ail écrasées
1/2 cuillère à café de Cayenne
1 cuillère à café de cumin moulu
1 cuillère à café de coriandre moulue
6 cuillères à soupe de beurre de cacahuètes
10 cl d'eau
1 cuillère à café de sauce soja
1 cuillère à café de jus de citron
chou-fleur, radis, poivron rouge, céleri, carottes

Faites chauffer l'huile dans une casserole, ajoutez et faites revenir l'oignon. Ajoutez l'ail, les épices et tournez 1 minute. Incorporez le beurre de cacahuètes, puis l'eau peu à peu. Ajoutez la sauce soja, le jus de citron et laissez refroidir.

Séparez le chou-fleur en bouquets, évidez le poivron et coupez les légumes en fins morceaux.
Versez la sauce dans une petite jatte, au centre d'un plateau, et entourez-la des légumes.

Pour 6 personnes

Flageolets en vinaigrette

250 g de flageolets ayant trempé toute une nuit
sel
6 cuillères à soupe de vinaigrette à l'ail (page 91)
1 poivron rouge évidé et haché
4 ciboules hachées
1 cuillère à soupe de persil et thym hachés
2 branches de céleri hachées

Égouttez les haricots, mettez-les dans une casserole et couvrez-les d'eau. Portez à ébullition et laissez bouillir 10 minutes. Couvrez et laissez frémir 1 heure. Salez en fin de cuisson. Égouttez et mettez dans une jatte. Arrosez-les de vinaigrette pendant qu'ils sont encore chauds et tournez bien. Laissez refroidir, puis ajoutez le reste des ingrédients. Mélangez le tout avant de servir.

Pour 4 personnes

A GAUCHE : *salade à la mozzarella*
A DROITE : *hoummos ; flageolets en vinaigrette ; tzatsiki*

Hoummos

250 g de pois chiche ayant trempé toute une nuit
15 cl de tahini
3 gousses d'ail
jus de 1-2 citrons
sel et poivre
POUR DÉCORER :
1 cuillère à soupe d'huile d'olive mélangée avec 1 cuillère à café de paprika
1 cuillère à café de persil haché

Égouttez les pois chiche, mettez-les dans une casserole et couvrez-les d'eau. Portez à ébullition, couvrez et laissez bouillir 10 minutes, puis frémir 1 h 30 à 2 heures ; ils doivent être tendres. Égouttez-les et mettez de côté 30 cl du liquide de cuisson.

Passez les pois chiche au mixeur, puis mélangez avec le reste des ingrédients ; ajoutez le liquide de cuisson en quantité suffisante pour obtenir une pâte crémeuse.

Disposez sur un plat de service, arrosez d'huile et saupoudrez de persil. Servez avec du pain pitta.
Pour 8 à 10 personnes

Tzatsiki

500 g de yaourt nature
1 concombre pelé et râpé
3 gousses d'ail écrasées
sel et poivre
1 cuillère à soupe de menthe hachée

Battez le yaourt, ajoutez le concombre, l'ail, salez, poivrez. Laissez 2 heures au frais et servez dans une jatte, saupoudré de menthe. Accompagnez de pain pitta.
Pour 6 personnes

Sauté d'aubergines

500 g d'aubergines émincées
sel
3 cuillères à soupe d'huile d'olive
2 gousses d'ail émincées
2 cuillères à soupe de persil haché
POUR DÉCORER :
rondelles de citron
persil

Mettez les rondelles d'aubergines dans une passoire, saupoudrées de sel, et laissez dégorger 30 minutes. Rincez-les à l'eau froide, puis essuyez avec du papier absorbant.

Faites chauffer l'huile dans une poêle et faites frire les aubergines 10 à 12 minutes. Ajoutez l'ail et le persil, et laissez cuire encore 2 minutes.

Servez chaud ou froid, décoré de rondelles de citron et de persil.
Pour 4 à 6 personnes

Soufflé aux poireaux

Soufflé aux poireaux

50 g de beurre
500 g de poireaux coupés fin
25 g de farine
15 cl de lait
150 g de gruyère râpé
sel et poivre
6 œufs, blancs et jaunes séparés

Faites fondre la moitié du beurre dans une casserole, ajoutez les poireaux et tournez-les. Laissez cuire 5 à 7 minutes ; ils doivent être tendres.

Faites fondre le reste de beurre dans une autre casserole, ajoutez la farine et tournez 1 minute. Incorporez le lait peu à peu, sans cesser de tourner. Laissez cuire 1 minute, puis ajoutez le fromage, salez et poivrez. Tournez jusqu'à ce que le fromage soit fondu. Retirez du feu et incorporez les jaunes d'œufs. Égouttez les poireaux et incorporez-les au mélange.

Battez les blancs d'œufs en neige très ferme et incorporez-les délicatement au mélange. Versez dans un moule à soufflé beurré et faites cuire 45 minutes au four (180°) ; le soufflé doit être bien levé et doré.

Servez aussitôt.

Pour 4 à 6 personnes

Aubergines au four

500 g d'aubergines
sel et poivre
3 cuillères à soupe d'huile
250 g de mozzarella
1 cuillère à soupe de parmesan râpé
chapelure de pain complet
SAUCE TOMATE :
1 cuillère à soupe d'huile
1 gousse d'ail écrasée
1 oignon haché
500 g de tomates pelées et hachées
1 bouquet garni
3 cuillères à soupe de vin blanc sec
1 cuillère à soupe de concentré de tomates

Émincez les aubergines et saupoudrez de sel ; laissez dégorger une heure, rincez à l'eau froide et essuyez avec du papier absorbant.

Entre-temps, préparez la sauce : chauffez l'huile dans une poêle, faites fondre l'ail et l'oignon ; ajoutez les tomates et laissez cuire 2 minutes ; ajoutez les autres ingrédients, salez et poivrez à votre goût ; laissez mijoter à découvert 45 minutes ; retirez le bouquet garni.

Faites dorer les rondelles d'aubergine à la poêle, puis séchez-les avec du papier absorbant.

Garnissez un plat profond allant au four avec des couches alternées d'aubergine, de mozzarella et de sauce tomate ; terminez par une couche de fromage ; saupoudrez de parmesan et de chapelure.

Faites cuire 30 minutes au four (200°). Servez chaud ou froid.

Pour 6 à 8 personnes

Mousse d'avocat

2 avocats
150 g de yaourt nature
15 cl de lait
15 g de gélatine
15 cl d'eau bouillante
1 cuillère à café d'oignon haché
1 cuillère à café de jus de citron
1 cuillère à café de sauce Worcester
sel et poivre
15 cl de crème fraîche fouettée
cresson pour décorer

Pelez les avocats, coupez-les en deux et dénoyautez-les. Coupez la chair en morceaux dans le mixeur, ajoutez le yaourt et le lait.

Faites tremper la gélatine dans 2 cuillères à soupe d'eau froide, puis versez dessus l'eau bouillante et tournez pour la dissoudre. Versez dans le mixeur. Ajoutez l'oignon, le jus de citron, la sauce Worcester, salez et poivrez. Mettez 30 secondes à la vitesse maximale.

Versez dans une jatte et laissez refroidir. Incorporez la crème quand le mélange épaissit, puis versez dans un moule beurré. Mettez au frais. Démoulez et décorez avec du cresson.

Pour 6 personnes

Falafel

250 g de pois chiche ayant trempé toute une nuit
4 ciboules hachées
2 gousses d'ail écrasées
3 cuillères à soupe d'eau
4 brins de persil
1/2 cuillère à café de cumin moulu
1 cuillère à café de coriandre moulue
sel et poivre
huile à friture

Égouttez les pois chiche et passez-les au mixeur avec les ciboules, l'ail, l'eau et le persil. Travaillez bien pour obtenir une purée. Ajoutez le reste des ingrédients, mettez dans une jatte et laissez ainsi 1 à 2 heures.

Séparez le mélange en boulettes de la taille d'une noix, aplatissez-les légèrement et plongez-les 4 minutes dans de l'huile à friture bien chaude. Égouttez-les. Servez avec une mayonnaise rose (page 93).

Pour 6 personnes

Baba ghanoush

Ce plat est très populaire au Moyen-Orient. Si possible, faites griller les aubergines sur un barbecue, cela leur donnera un goût plus prononcé qui se mélangera bien avec celui du tahini.

2 grosses aubergines
2 gousses d'ail écrasées
4 cuillères à soupe de tahini
jus de 1 citron
1/2 cuillère à café de cumin moulu
2 cuillères à soupe de persil haché
sel et poivre
POUR DÉCORER :
2 olives coupées en deux et dénoyautées

Piquez les aubergines avec une fourchette, coupez-les en deux et posez la partie coupée sur une grille. Passez-les sous le gril jusqu'à ce que leur peau se boursoufle et que la chair devienne tendre. Pelez-les et pressez-les pour retirer un maximum de jus.

Passez la chair au mixeur avec l'ail, en ajoutant au fur et à mesure le tahini et le jus de citron. Versez dans une jatte et ajoutez le reste des ingrédients.

Disposez sur un plat de service, décorez avec les olives.

Pour 6 personnes

NOTE : le tahini est une pâte de graines de sésame.

Falafel ; baba ghanoush

Terrines de poulet

Terrines de poulet

Ces préparations originales forment un excellent hors-d'œuvre ou agrémentent agéablement un brunch.

350 g de blanc de poulet dépouillé et haché
1/2 cuillère à café de sel
1/4 de cuillère à café de poivre blanc moulu
4 cuillères de vermouth sec
2 blancs d'œufs
15 cl de crème légèrement fouettée
AIL ET CHAMPIGNON :
15 g de beurre
1 gousse d'ail écrasée
50 g de cèpes en dés
CREVETTES ET ANETH :
50 g de bouquets cuits, décortiqués, hachés
1 cuillère à café d'aneth ciselé
JAMBON FUMÉ CORNICHON :
50 g de jambon fumé haché
1 cuillère de cornichon coupé en dés
FOIE DE VOLAILLE ET TOMATE :
2 cuillères à café d'huile
2 foies de volaille coupés en deux
1 cuillère à café de purée de tomates
POUR DÉCORER :
feuilles de laitue

Passez le blanc de poulet au mixeur. Salez, poivrez, ajoutez le vermouth et repassez au mixeur. Battez les blancs en neige et mélangez-les délicatement à la pommade de poulet. Incorporez la crème fouettée et placez dans le réfrigérateur pendant la confection des mélanges ci-dessous.

Ail et champignon : faites fondre le beurre dans une petite poêle. Faites-y revenir 2 minutes l'ail et les champignons. Réservez.

Crevettes et aneth : mélangez soigneusement les bouquets hachés et l'aneth ciselé. Réservez.

Jambon fumé et cornichon : mélangez le hachis de jambon fumé et les cornichons. Réservez.

Foie de volaille et tomate : chauffez l'huile dans une petite poêle. Faites-y sautez 2 minutes les foies de volaille. Hachez-les et incorporez la purée de tomates. Réservez.

Sortez la crème de poulet du réfrigérateur, partagez-la en quatre et incorporez-la aux mélanges ci-dessus.

Cuisson : huilez légèrement quatre ramequins. Placez au fond des rondelles de papier sulfurisé. Huilez-les. Versez les préparations dans les ramequins. Couvrez-les de rondelles de papier sulfurisé huilé et placez-les dans un bain-marie rempli de 2 cm d'eau bouillante. Couvrez et maintenez l'ébullition 12 minutes. Laissez refroidir 1 minute, démoulez et découpez chaque terrine en huit.

Détaillez en julienne quelques feuilles de laitue. Décorez des assiettes et répartissez les terrines. Servez chaud ou froid.

Pour 4 personnes

Avocat au roquefort

1 avocat
1 cuillère à café de jus de citron
50 g de roquefort
2 cuillères à soupe de petits-suisses
sel et poivre
persil pour décorer

Coupez l'avocat en deux, ôtez le noyau et retirez la chair à l'aide d'une cuillère. Mettez de côté l'écorce.

Mettez la chair d'avocat et le jus de citron dans une jatte et écrasez le tout à l'aide d'une fourchette. Ajoutez-y les fromages, salez et poivrez.

Répartissez ce mélange dans les écorce. Servez glacé, décoré avec du persil.

Pour 2 personnes

Salade de champignons

125 g d'Emmenthal
250 g de champignons de Paris, lavés et émincés
25 cl de crème fraîche
jus de 2 citrons
sel et poivre
persil haché pour décorer

Émincez le fromage en fines lamelles et mélangez celles-ci avec les champignons et la crème.

Ajoutez le jus de citron, salez, poivrez et mélangez bien.

Disposez le tout dans un saladier et décorez avec le persil.

Pour 4 personnes

Ramequins aux épinards

250 g de petits-suisses
125 g d'épinards hachés, décongelés
quelques gouttes de tabasco
jus de 1/2 citron
1 pincée de muscade
sel et poivre
4 rondelles de citron

Battez les petits-suisses pour obtenir une crème lisse. Égouttez soigneusement les épinards, puis incorporez-les peu à peu à cette crème.

Ajoutez le tabasco, le jus de citron, la muscade, salez et poivrez. Fouettez jusqu'à ce que le mélange soit homogène. Répartissez-le dans des ramequins et mettez à glacer.

Pour servir, décorez chaque ramequin avec une rondelle de citron.

Pour 4 personnes

NOTE : vous pouvez aussi utiliser des épinards frais ou en boîte.

Tours de main

Pour de nombreuses recettes, vous aurez besoin de tomates pelées et d'avocats, coupés en deux ou débités en tranches ou en dés.

Rien de plus facile que de peler les tomates ; incisez la peau avec la pointe d'un couteau, plongez-les tour à tour environ 1 minute dans l'eau bouillante, puis égouttez-les ; la peau se retire ensuite très facilement.

Pour conserver leur belle couleur vert pâle aux avocats, badigeonnez-les de jus de citron au moyen d'un pinceau.

Ramequins de crevettes

250 g de beurre clarifié (voir note)
1/4 cuillère à café de Cayenne
1/2 cuillère à café de macis moulu
1/2 cuillère à café de muscade râpée
sel
500 g de crevettes décortiquées
POUR DÉCORER :
4 rondelles de citron
4 branches de cerfeuil

Faites chauffer dans une casserole deux tiers du beurre clarifié avec les épices, salez puis ajoutez les crevettes et laissez chauffer quelques minutes.

Répartissez-les dans 4 à 6 ramequins et laissez-les prendre au réfrigérateur.

Faites fondre le reste du beurre clarifié, puis versez-le sur les crevettes pour qu'elles soient bien couvertes. Couvrez et laissez au moins une journée au réfrigérateur.

Décorez avec des rondelles de citron et du cerfeuil. Accompagnez de toasts.

Pour 4 à 6 personnes

NOTE : pour clarifier le beurre, faites-le fondre et passez-le à travers une mousseline.

Ramequins de crevettes

OEUFS ET FROMAGE

Que vous préfériez — comme snack, hors-d'œuvre ou plat de résistance — un soufflé si léger qu'il semble sur le point de s'envoler, une omelette baveuse, un flan moelleux, une quiche ou des ramequins croustillants, un gratin de légumes doré, une pizza bien gonflée, des crêpes fourrées fondantes, vous devez reconnaître qu'il n'existe pas d'autre aliment que les œufs et le fromage permettant une telle variété de recettes exécutables en un tournemain. Presque spartiates dans leur simplicité, ces préparations n'en sont pas moins délicieuses, elles autorisent toutes les variations et sont à même de satisfaire les palais les plus blasés.

Peu nombreux sont ceux ou celles qui résistent au plaisir de casser quelques œufs pour apaiser une petite faim en préparant une omelette fines herbes ou au fromage, un soufflé aux épinards, au fromage et à l'ail ou aux olives et à la tomate. Du fromage, débité en lamelles ou râpé, transformera une ratatouille en un gratin savoureux, enrichira une pizza, donnera du caractère à un chou-fleur.

Pour éviter toute déception, n'utilisez que des œufs suffisamment frais et du fromage acheté peu de temps auparavant. Vous pourrez conserver les œufs trois semaines dans un garde-manger frais ou au réfrigérateur en les disposant verticalement, gros bout en haut. Enveloppez soigneusement le fromage dans du papier paraffiné, un film plastique ou une feuille d'aluminium, et conservez-le huit jours dans le bas du réfrigérateur.

Pommes de terre farcies

4 grosses pommes de terre
huile pour les badigeonner
beurre pour servir

Badigeonnez les pommes de terre d'huile et faites cuire 1 heure environ au four (200°), jusqu'à ce qu'elles soient tendres.

Incisez-les profondément d'un côté, remplissez généreusement de beurre et servez sans attendre. Sinon, utilisez l'une des farces suivantes.

Pour 4 personnes

Farce à la crème et à la ciboulette

2 jaunes d'œufs
15 cl de crème fraîche
1 pointe de cayenne
2 cuillères à soupe de ciboulette hachée
sel et poivre
ciboule pour garnir

Sortez les pommes de terre du four, coupez-les en 2 dans le sens de la longueur, retirez la chair et écrasez-la bien. Incorporez les ingrédients de la farce ; salez et poivrez. Répartissez dans la peau des pommes de terre. Mettez sur la plaque du four et faites dorer 15 à 20 minutes au four.

Servez-les immédiatement, garnies de ciboule.

Pour 4 personnes

Farce au lard et au salami

50 g de beurre
1 gros oignon haché menu
4 tranches de lard découenné, coupé en lardons
sel et poivre
25 g de salami, en dés
1 cuillère à soupe de persil haché
25 g de parmesan râpé
cresson pour garnir

Sortez les pommes de terre du four, coupez-les en 2 dans le sens de la longueur, retirez la chair et écrasez-la.

Dans une poêle, faites dorer l'oignon au beurre. Ajoutez le lard, laissez cuire 2 minutes et mélangez à la chair écrasée. Salez et poivrez. Incorporez le salami et le persil.

Répartissez la farce dans la peau des pommes de terre ; saupoudrez de fromage. Passez au four comme ci-dessus.

Servez immédiatement, avec le cresson.

Pour 4 personnes

Farce soufflée au fromage

2 œufs, jaunes et blancs séparés
125 g de comté râpé
sel et poivre
1 cuillère à soupe de parmesan râpé
brins de romarin ou de persil pour garnir

Écrasez la chair comme ci-dessus, ajoutez les jaunes d'œufs, le comté, salez et poivrez.

Fouettez les blancs en neige ferme et incorporez-les à la farce. Répartissez-la dans la peau des pommes de terre, saupoudrez de parmesan et passez au four comme ci-contre.

Garnissez de romarin ou de persil. Servez sans attendre.

Pour 4 personnes

A GAUCHE : *pommes de terre farcies*
A DROITE : *tarte verte à l'oignon*

Pain perdu oignon et fromage

50 g de beurre
6 tranches minces de pain complet
175 g de gruyère râpé
1 oignon haché
4 œufs
30 cl de crème fraîche
30 cl de lait
1/2 cuillère à café de moutarde en poudre
sel et poivre

Beurrez une tourtière de 1,5 l et tartinez le reste du beurre sur les tranches de pain.

Garnissez la tourtière avec des couches alternées de pain beurré, de fromage et d'oignon ; terminez par du fromage. Battez les œufs avec les autres ingrédients, salez et poivrez au goût, versez dans la tourtière, laissez reposer 10 minutes.

Faites cuire 30 minutes au four (200°), sur la grille en position haute. Le pain perdu doit être doré et légèrement monté.

Pour 6 personnes

Gougère aux champignons

PÂTE À CHOUX :
50 g de beurre
15 cl d'eau
65 g de farine complète
2 œufs
50 g de gruyère râpé
GARNITURE :
2 cuillères à soupe d'huile
1 oignon haché
250 g de champignons émincés
2 gousses d'ail écrasées
1 cuillère à soupe de farine complète
15 cl de bouillon de légumes
75 g de noix coupées gros
2 cuillères à soupe de persil haché
sel et poivre

Faites fondre le beurre dans une casserole, ajoutez l'eau et portez à ébullition. Ajoutez la farine en une fois et battez jusqu'à ce que la pâte se détache des bords. Laissez refroidir légèrement et incorporez les œufs un à un. Ajoutez le fromage et répartissez la pâte autour d'un plat à four beurré.

Pour la garniture, faites chauffer l'huile dans une casserole, ajoutez et faites revenir l'oignon. Ajoutez les champignons, l'ail et tournez 2 minutes. Ajoutez la farine, puis le bouillon, et portez à ébullition, tout en tournant. Laissez cuire 3 minutes, puis ajoutez les noix, sauf la valeur de 2 cuillères à soupe, le persil, salez, poivrez.

Disposez la garniture au centre du plat, saupoudrez du reste de noix et faites cuire 40 à 45 minutes au four (200°). Servez aussitôt.

Pour 4 personnes

Tarte verte à l'oignon

150 g de farine
sel et poivre
80 g de margarine végétale
2 cuillères à soupe de parmesan râpé
1 jaune d'œuf
eau glacée pour mélanger
GARNITURE :
25 g de beurre
1 botte de ciboules hachées
1 botte de cresson haché
3 œufs
15 cl de crème fraîche
125 g de comté râpé

Mettez la farine et une pincée de sel dans un saladier, puis incorporez la matière grasse pour obtenir un mélange grumeleux. Ajoutez le parmesan, le jaune d'œuf et un peu d'eau pour raffermir la pâte. Pétrissez légèrement sur une surface farinée. Abaissez la pâte et garnissez-en un moule à tarte de 20 cm. Piquez-la avec une fourchette et laissez 30 minutes au frais. Faites cuire à blanc (voir tarte aux brocolis, page 38).

Faites fondre le beurre dans une poêle et faites revenir les ciboules 5 minutes. Ajoutez le cresson et laissez cuire 2 minutes.

Battez les œufs avec la crème, incorporez le comté, salez et poivrez.

Disposez les légumes revenus dans le fond de la tarte. Versez la préparation aux œufs et mettez 20 à 25 minutes au four, jusqu'à ce que la tarte soit dorée.

Pour 4 à 6 personnes

Crêpes au froment

PÂTE À CRÊPES :
250 g de farine complète
1 pincée de sel
2 œufs
30 cl de lait
15 cl d'eau
huile
FARCE :
2 gousses d'ail émincées
1 oignon haché
1 cuillère à soupe d'huile
1 poivron vert épépiné, émincé
1 aubergine hachée
350 g de tomates pelées
1 cuillère à café d'herbes de Provence
1 cuillère à soupe de persil haché
sel et poivre
2 cuillères à soupe de parmesan râpé

Mettez la farine et le sel dans un saladier. Faites un puits et versez les œufs, le lait et l'eau. Battez pour obtenir une pâte homogène. Laissez reposer 30 minutes.

Faites chauffer un peu d'huile dans une poêle de 15 cm. Versez un peu de pâte pour couvrir le fond. Faites cuire 2 à 3 minutes, jusqu'à ce que l'envers soit doré ; retournez la crêpe et faites dorer l'autre côté. Placez sur du papier sulfurisé ; couvrez d'une serviette. Continuez pour obtenir 10 à 12 crêpes.

Pour la farce, faites revenir 5 minutes l'ail et l'oignon, à feu doux, dans l'huile chaude. Ajoutez les autres ingrédients, sauf le parmesan ; salez et poivrez. Laissez cuire 15 à 20 minutes, puis saupoudrez de parmesan.

Répartissez cette farce sur les crêpes ; roulez-les, en repliant les extrémités. Sur une plaque de cuisson huilée, passez-les 30 à 35 minutes au four (200°), afin qu'elles soient croustillantes. Servez chaud ou froid.

Pour 10 à 12 personnes

Soufflé au fromage

30 g de beurre
30 g de farine
20 cl de lait
60 g de gruyère râpé
2 œufs, blancs et jaunes séparés
1 pincée de muscade
sel et poivre

Faites fondre à feu doux, dans une casserole, le beurre et ajoutez-lui la farine en ne cessant pas de tourner. Incorporez petit à petit le lait. Retirez du feu et ajoutez un à un les jaunes d'œufs, puis le gruyère râpé, le poivre, la muscade et un peu de sel. Incorporez les blancs battus en neige très ferme.

Versez dans un moule beurré à bord haut et faites cuire environ 20 minutes à four moyen (180°). N'ouvrez jamais la porte du four en cours de cuisson ! Sinon le soufflé retombera. Servez-le de suite.

Pour 4 personnes

Soufflé au fromage sur lit de tomates

25 g de beurre
1 gousse d'ail écrasée
1 oignon haché
350 g de tomates pelées, épépinées et hachées
8 olives noires dénoyautées et hachées
appareil à soufflé (voir recette ci-dessus)

Beurrez un moule à soufflé de 1,5 litre ; faites sauter 3 à 4 minutes dans le reste du beurre l'ail, l'oignon et les tomates ; ajoutez les olives, salez, poivrez, laissez refroidir.

Préparez l'appareil à soufflé ; garnissez le moule avec le mélange à base de tomates, versez par-dessus l'appareil à soufflé. Faites cuire à four modéré (190°) 35 à 40 minutes, jusqu'à ce que le soufflé ait bien levé.

Pour 4 personnes

A GAUCHE : *crêpes au froment*

A DROITE : *tarte aux épinards ; crêpes au sarrasin*

Tarte aux épinards

2 cuillères à soupe d'huile
1 gros oignon haché
2 gousses d'ail écrasées
500 g d'épinards décongelés et égouttés
2 œufs
1/2 cuillère à café de muscade
250 g de ricotta
50 g de parmesan râpé
sel et poivre
PÂTE :
350 g de farine complète
175 g de beurre
3-4 cuillères à soupe d'eau glacée
œuf battu pour badigeonner

Dans l'huile chaude d'une casserole, faites revenir l'oignon. Ajoutez l'ail, les épinards et laissez revenir doucement 10 minutes. Laissez refroidir légèrement, puis ajoutez en fouettant les œufs, la muscade, les fromages ; salez, poivrez.

Pour la pâte, versez la farine dans une jatte et incorporez le beurre du bout des doigts jusqu'à ce que cela soit grumeleux. Ajoutez de l'eau en quantité suffisante pour obtenir une pâte ferme, puis pétrissez-la. Étalez deux tiers de la pâte en un cercle de 24 cm de diamètre que vous disposerez dans un moule à tarte, en faisant dépasser les bords.

Répartissez la garniture dans la tarte et humidifiez les bords. Étalez le reste de pâte et découpez-le en lanières de 5 mm. Disposez-les en croisillon sur la garniture et faites-les adhérer sur les bords. Badigeonnez d'œuf et faites cuire 45 à 50 minutes au four (200°). Servez chaud ou froid.

Pour 6 personnes

Crêpes au sarrasin

PÂTE :
100 g de farine de sarrasin
1 pincée de sel
1 œuf battu
30 cl de lait
1 cuillère à soupe d'huile
GARNITURE :
2 cuillères à soupe d'huile d'olive
1 oignon haché
2 gousses d'ail écrasées
1 poivron vert ou rouge, haché
1 petite aubergine hachée
4 grosses tomates pelées et hachées
1 cuillère à soupe de concentré de tomates
sel et poivre
POUR FINIR :
25 g de margarine végétale fondue
2 cuillères à soupe de parmesan râpé

Mélangez la farine et le sel dans une jatte. Faites un trou au centre, incorporez l'œuf, la moitié du lait et l'huile. Battez pour que cela soit lisse, puis ajoutez le reste de lait.

Faites chauffer un peu d'huile dans une poêle à crêpes, versez 1 cuillère à soupe de pâte, tournez pour qu'elle couvre bien le fond et faites dorer des deux côtés. Posez la crêpe au chaud et faites cuire les autres. Intercalez du papier sulfurisé entre chaque crêpe.

Pour la garniture, faites chauffer l'huile dans une poêle, ajoutez et faites revenir l'oignon. Ajoutez l'ail, le poivron, l'aubergine, et laissez revenir 10 minutes, en tournant. Ajoutez le reste des ingrédients et laissez cuire 15 minutes.

Répartissez la garniture entre les crêpes, roulez-les et posez-les dans un plat à four huilé. Versez dessus la margarine et le fromage, et faites cuire 15 minutes au four (190°).

Pour 4 personnes

Quiche aux brocolis

PÂTE :
175 g de farine complète
75 g de beurre
50 g de gruyère râpé
1/2 cuillère à café d'herbes de Provence
1 jaune d'œuf
eau glacée
GARNITURE :
250 g de brocolis
2 œufs battus
15 cl de lait
125 g de gruyère râpé
sel et poivre

Dans une jatte mélangez la farine avec le beurre. Ajoutez le fromage et les herbes, puis le jaune d'œuf et de l'eau en quantité suffisante pour obtenir une pâte ferme.

Pétrissez-la légèrement, puis étalez-la et garnissez-en un moule de 20 cm de diamètre. Piquez avec une fourchette et laissez 20 minutes au frais. Couvrez de papier et de haricots, et faites cuire 10 minutes au four (200°). Reportez à vide au four 5 minutes.

Pendant ce temps, faites cuire les brocolis à l'eau bouillante salée 5 minutes. Passez-les sous l'eau froide, égouttez-les et coupez-les grossièrement.

Mélangez les œufs battus avec le lait, les trois quarts du fromage, salez, poivrez. Disposez les brocolis sur le fond de tarte, versez dessus ce mélange, saupoudrez du reste de gruyère et remettez au four 35 minutes.

Pour 4 personnes

CI-DESSUS : *quiche aux brocolis ; crêpes farcies aux épinards*

Crêpes farcies aux épinards

PÂTE :
125 g de farine complète
1 pincée de sel
1 œuf battu
30 cl de lait
GARNITURE :
350 g d'épinards cuits
175 g de ricotta
2 cuillères à soupe de parmesan râpé
1 œuf
sel et poivre
muscade râpée
SAUCE :
2 cuillères à soupe d'huile
2 cuillères à soupe de farine
30 cl de lait
500 g de gruyère râpé
POUR FINIR :
1 cuillère à soupe de parmesan râpé
1 cuillère à soupe de chapelure

Préparez les crêpes comme dans la recette de la page 37.

Faites chauffer doucement les épinards dans une casserole. Laissez cuire 2 minutes, puis retirez le jus. Battez-les avec les fromages, l'œuf, salez, poivrez et ajoutez la muscade.

Répartissez ce mélange sur les crêpes, roulez-les et mettez-les dans un plat à four huilé.

Pour la sauce, faites chauffer l'huile dans une casserole, ajoutez la farine hors du feu et incorporez le lait. Portez à ébullition et tournez jusqu'à ce que cela épaississe. Hors du feu, ajoutez le fromage.

Versez sur les crêpes, saupoudrez de parmesan et de chapelure, et faites cuire 15 à 20 minutes au four (190°).

Pour 4 personnes

Soufflé aux épinards

25 g de beurre
25 g de farine complète
15 cl de lait
3 œufs, blancs et jaunes séparés
125 g d'épinards cuits hachés
50 g de gruyère râpé
1/4 de cuillère à café de muscade râpée
sel et poivre
2 cuillères à soupe de parmesan râpé

Nouez une double feuille de papier d'aluminium autour d'un moule à soufflé, en la faisant dépasser du bord de 5 cm.

Faites fondre le beurre dans une casserole, ajoutez et tournez la farine. Retirez du feu et incorporez le lait. Portez doucement à ébullition, laissez cuire 3 minutes, puis ajoutez les jaunes d'œufs, les épinards, le gruyère, la muscade, salez, poivrez.

Incorporez délicatement les blancs d'œufs battus en neige très ferme. Versez dans le moule à soufflé, saupoudrez de parmesan et faites cuire 30 à 35 minutes au four (190°). Servez aussitôt.

Pour 4 personnes

Œufs à l'espagnole

Gratin de légumes

2 cuillères à soupe d'huile
2 oignons émincés
1 gousse d'ail écrasée
350 g de courgettes en rondelles
1 cuillère à soupe de persil haché
1 cuillère à soupe de thym
sel et poivre
4 grosses tomates pelées et émincées
25 g de beurre
25 g de farine complète
30 cl de lait
125 g de gruyère râpé
1 cuillère à soupe de chapelure de pain complet

Faites chauffer l'huile dans une casserole, ajoutez et faites revenir l'oignon. Ajoutez l'ail, les courgettes, les herbes, salez, poivrez et laissez cuire 5 minutes, en tournant de temps en temps.

Versez la moitié de ce mélange dans un plat à four, répartissez dessus les tomates et couvrez-les du reste du mélange.

Faites fondre le beurre dans une casserole, ajoutez et tournez la farine, puis hors du feu incorporez le lait. Portez à ébullition, sans cesser de tourner, ajoutez la moitié du fromage, salez, poivrez et versez sur le plat.

Saupoudrez de chapelure et du reste de fromage. Faites cuire 30 minutes au four (180°).

Pour 4 personnes

Œufs à l'espagnole

4 cuillères à soupe d'huile
2 tranches de pain en cubes
2 pommes de terre coupée en dés
1 oignon haché
125 g de lardons
50 g de haricots verts, coupés en tronçons de 5 cm
6 tomates pelées, épépinées et concassées
2 courgettes émincées
8 rondelles de saucisson à l'ail coupées en dés
4 œufs
1 cuillère à soupe de persil haché

Faites chauffer l'huile dans une grande poêle et faites-y dorer le pain. Égouttez sur du papier absorbant.

Dans la même poêle, mettez les pommes de terre à revenir 15 minutes ; quand elles sont dorées, ajoutez l'oignon et le lard, laissez cuire 2 minutes ; mettez les haricots, les tomates et les courgettes, et continuez la cuisson 5 à 7 minutes. Ajoutez le saucisson.

Transférez dans un plat à four. Avec une cuillère, faites 4 creux dans la préparation et cassez un œuf dans chacun d'eux. Enfournez 12 minutes à 180°. Répartissez le pain dessus et remettez 3 minutes au four.

Parsemez de persil et servez immédiatement.

Pour 4 personnes

Omelette campagnarde

25 g de beurre
1 oignon coupé en dés
1 pomme de terre cuite coupée en dés
25 g de lard fumé découenné et haché
25 g de champignons hachés
2 œufs
2 cuillères à soupe de lait
1 pincée d'herbes
sel et poivre
50 g de gruyère râpé
persil haché pour décorer

Dans une poêle faites revenir avec le beurre l'oignon, la pomme de terre et le lard. Ajoutez les champignons, augmentez le feu et laissez cuire jusqu'à ce que les légumes commencent à dorer.

Battez les œufs, le lait et les herbes, salez et poivrez. Nappez-en les légumes et remuez la poêle pour que le mélange se répartisse bien. Faites cuire à feu doux jusqu'à ce que l'omelette commence à prendre. Saupoudrez de fromage et passez la poêle sous le gril jusqu'à ce qu'il soit doré.

Saupoudrez de persil, pliez l'omelette en deux sur un plat de service chaud et servez aussitôt.

Pour 2 personnes

Omelette verte

350 g d'épinards crus
3 cuillères à soupe d'huile
1 oignon haché
6 œufs
2 cuillères à soupe de parmesan râpé
1/2 cuillère à café de muscade râpé
sel et poivre

Lavez les épinards et passez-les 4 minutes dans de l'eau bouillante. Pressez-les et hachez-les.

Faites chauffer 1 cuillère à soupe d'huile dans une casserole, ajoutez et faites revenir l'oignon, puis mélangez avec les épinards.

Cassez les œufs dans une jatte et fouettez-les avec les épinards, le fromage, la muscade, le sel et le poivre.

Faites chauffer le reste d'huile dans une poêle de 24 cm de diamètre, versez le mélange et tournez légèrement jusqu'à ce que cela commence à prendre. Laissez cuire 5 minutes, puis retournez l'omelette sur un plat, ajoutez un peu d'huile dans la poêle et reportez-y l'omelette pour que l'autre côté soit bien doré.

Pour 4 personnes

Omelette espagnole

3 cuillères à soupe d'huile d'olive
2 oignons hachés
2 gousses d'ail écrasées
1 poivron rouge évidé et haché
4 œufs
sel et poivre
2 grosses pommes de terre cuites et émincées
2 cuillères à soupe de persil haché

Faites chauffer 2 cuillères à soupe d'huile dans une poêle de 24 cm, ajoutez et faites revenir les oignons. Ajoutez l'ail, le poivron et laissez cuire 10 minutes.

Battez les œufs dans une jatte avec le sel, le poivre, puis ajoutez-leur les pommes de terre, le persil et le mélange précédent.

Faites chauffer le reste d'huile dans la poêle, versez le mélange et laissez cuire 5 minutes, en secouant la poêle.

Passez 3 minutes sous le gril, faites glisser l'omelette sur le plat de service et coupez-la en portions.

Pour 4 personnes

Gratin de ratatouille

6 cuillères à soupe d'huile d'olive
1 petite aubergine émincée
2 gousses d'ail écrasées
350 g de courgettes émincées
1 poivron rouge évidé et émincé
350 g de tomates pelées et émincées
1 cuillère à soupe de basilic haché
sel et poivre
500 g de pommes de terre cuites coupées en rondelles
250 g de mozzarella en tranches fines

Faites chauffer la moitié de l'huile dans une casserole, ajoutez et faites dorer les rondelles d'aubergine. Égouttez-les sur du papier absorbant.

Versez le reste d'huile dans la casserole et faites revenir 10 minutes l'ail, les courgettes, le poivron, en tournant de temps en temps. Ajoutez les tomates, le basilic, l'aubergine, salez, poivrez et laissez frémir 10 minutes.

Disposez les pommes de terre sur le fond d'un plat à four, couvrez-les de ratatouille. Répartissez dessus les tranches de fromage et faites cuire 15 à 20 minutes au four (190°).

Pour 4 personnes

Omelette verte ; gratin de ratatouille ; omelette espagnole

Croûte au fromage et à la tomate

4 tranches de pain bis
beurre
4 grosses tomates pelées, coupées en tranches épaisses
sel et poivre
4 brins de basilic hachés gros
75 g de comté râpé
4 tranches de lard découennées et coupées en deux

Faites griller le pain des deux côtés, beurrez-en un côté et disposez les tomates dessus ; salez et poivrez. Parsemez de basilic et de fromage, et terminez avec deux morceaux de lard.

Passez 5 à 7 minutes sous un gril chaud, jusqu'à ce que le lard soit cuit et que des bulles se forment dans le fromage. Servez immédiatement.

Pour 4 personnes

Roulade de courgettes

25 g de beurre
500 g de courgettes râpées
4 œufs, blancs et jaunes séparés
1 cuillère à café de sarriette
1 cuillère à soupe de persil haché
sel et poivre
2 cuillères à soupe de parmesan râpé
GARNITURE :
2 cuillères à soupe d'huile
1 oignon haché
175 g de champignons de Paris émincés
1 cuillère à soupe de farine complète
12 cl de lait

Faites fondre le beurre dans une casserole, ajoutez les courgettes et tournez 7-8 minutes.

Mélangez-les dans une jatte avec les jaunes d'œufs, les herbes, salez, poivrez. Battez les blancs d'œufs en neige très ferme, incorporez-en 2 cuillères à soupe aux courgettes, puis incorporez le reste.

Versez le mélange dans une plaque à génoise de 30 × 20 cm garnie de papier sulfurisé beurré et faites cuire 10 à 15 minutes au four (200°).

Pendant ce temps, faites chauffer l'huile dans une casserole, ajoutez et faites revenir l'oignon. Ajoutez les champignons et laissez revenir 3 minutes. Ajoutez la farine, puis incorporez le lait, salez, poivrez et laissez frémir 3 minutes.

Saupoudrez une feuille de papier sulfurisé de parmesan, démoulez dessus le roulé, décollez le papier de cuisson. Répartissez la garniture, roulez le gâteau et servez aussitôt.

Pour 4 personnes

Pizza

PÂTE :
250 g de farine complète
1/2 cuillère à café de sel
7 g de levure de boulanger
15 cl d'eau tiède
1 cuillère à soupe d'huile d'olive
GARNITURE :
1 cuillère à soupe d'huile d'olive
1 oignon haché
500 g de tomates hachées
1 cuillère à soupe de marjolaine
sel et poivre
2 cuillères à soupe de concentré de tomates
250 g de gruyère en lamelles
1 boîte (50 g) d'anchois coupés en deux
8 olives noires coupées en deux

Mélangez le sel et la farine. Délayez la levure dans de l'eau ; laissez mousser. Ajoutez-la à la farine avec le reste d'eau et l'huile ; mélangez. Posez la pâte sur une planche farinée, pétrissez-la 10 minutes, pour qu'elle soit souple. Mettez-la dans un saladier, couvrez d'un torchon humide et laissez lever dans un endroit chaud pendant 1 h 30, pour qu'elle double de volume.

Faites chauffer l'huile et faites dorer l'oignon. Ajoutez les tomates, la marjolaine, assaisonnez et laissez cuire 5 minutes.

Pétrissez la pâte quelques minutes, divisez-la en deux et étalez chaque moitié au rouleau pour former un cercle de 20 cm de diamètre. Posez-les sur des tôles huilées et recouvrez de concentré de tomates. Étalez la préparation, puis le fromage. Décorez avec les anchois et les olives.

Mettez au four (200°), 15 à 20 minutes. Servez.

Pour 4 personnes

Chou-fleur gratiné au bleu

1 petit chou-fleur séparé en bouquets
sel et poivre
15 g de beurre
2 cuillères à soupe de farine
15 cl de lait
40 g de bleu d'Auvergne
1 cuillère à soupe de chapelure

Faites cuire le chou-fleur à l'eau bouillante salée 12 minutes ; il doit être tendre. Égouttez-le et disposez-le dans un plat à gratin.

Faites fondre le beurre dans une casserole, ajoutez la farine et laissez cuire 1 minute. Incorporez peu à peu le lait et laissez épaissir, tout en tournant.

Incorporez le fromage et tournez jusqu'à ce qu'il soit fondu. Salez et poivrez.

Versez sur le chou-fleur et saupoudrez de chapelure. Passez le plat sous le gril jusqu'à ce que la surface soit dorée. Servez aussitôt.

Pour 2 personnes

Tarte oignons et fromage

PÂTE :
125 g de farine complète
125 g de farine d'avoine
1 pincée de sel
125 g de beurre
2-3 cuillères à soupe d'eau
GARNITURE :
2 cuillères à soupe d'huile
2 oignons hachés
2 œufs
15 cl de lait
250 g de gruyère râpé
sel et poivre

Mélangez les farines et le sel ; incorporez le beurre pour obtenir un mélange grumeleux. Ajoutez l'eau et formez une boule. Sur une planche farinée, pétrissez la pâte pour la rendre élastique, étalez-la au rouleau et tapissez-en un moule à tarte de 20 cm de diamètre. Mettez au frais 15 minutes.

La garniture :
Faites chauffer l'huile, faites-y revenir les oignons. Mélangez les œufs et le lait, incorporez le fromage, les oignons, salez et poivrez.

Versez le tout dans le moule et mettez au four (190°), 35 à 40 minutes. Servez chaud ou froid, avec une salade.

Pour 4 personnes

Tartelettes méditerranéennes

1 portion de pâte brisée (page 37)
1 cuillère à soupe d'huile d'olive
1 oignon haché
1 gousse d'ail écrasée
1 poivron rouge émincé
175 g de courgettes émincées
4 tomates pelées et hachées
2 cuillères à soupe de marjolaine et basilic hachés
sel et poivre
1 œuf
10 cl de crème fraîche
50 g de gruyère râpé

Étalez la pâte sur un plan de travail fariné et garnissez-en 6 petits moules à tarte. Piquez-les et laissez-les 20 minutes au réfrigérateur.

Faites-les cuire « à blanc » 10 minutes au four (200°). Retirez le papier et les haricots.

Faites chauffer l'huile dans une casserole, ajoutez et faites revenir l'oignon. Ajoutez l'ail, le reste des légumes, les herbes, salez, poivrez et laissez frémir 15 minutes, puis répartissez dans les tartelettes.

Battez ensemble l'œuf, la crème et le fromage, salez, poivrez et répartissez sur les tartelettes. Faites cuire 15 à 20 minutes au four (190°).

Pour 6 personnes

A GAUCHE : *roulade de courgettes*
A DROITE : *tartelettes méditerranéennes*

PLATS DE RÉSISTANCE

Effectuez un tour du monde gastronomique grâce à ce choix somptueux de plats de résistance à base de viande, de poisson et de volaille. Essayez-vous aux préparations aromatiques du Midi avec les côtelettes d'agneau provençale, le ragoût méditerranéen et le poussin sauce aux herbes ; passez en Italie avec le risotto sauce aux herbes ou le veau à l'italienne ; poussez jusqu'en Grèce avec la moussaka ; remontez en Belgique avec la carbonade de bœuf ; faites un saut en Orient avec le curry de poulet, le bœuf au gingembre ou le poulet du Cachemire ; ne craignez pas d'explorer la cuisine scandinave avec les harengs marinés ou les maquereaux à la scandinave ; enfin, assurez-vous que la cuisine anglaise est décriée à tort avec les côtes de mouton au cidre, le lapin à la moutarde ou les côtelettes de mouton aux poires.

Nos recettes saines et nutritives, qui ignorent la plupart des productions de l'industrie alimentaire et sont conçues pour mettre en valeur la saveur naturelle des aliments, démontrent combien la cuisine naturelle peut être variée. Un aliment naturel est par définition non raffiné et ne contient ni arômes synthétiques, ni colorants artificiels, ni agents de conservation ou autres additifs.

Ce chapitre apporte la preuve que vous n'avez pas besoin d'être adepte du végétalisme, ou même du végétarisme, pour bénéficier des bienfaits de la cuisine naturelle : vous y trouverez un grand nombre de recettes, propres à satisfaire les plus gros appétits, contenant de la viande, du poisson, de la volaille, des œufs et du fromage, aliments auxquels sont associés des légumes et des fruits frais, des herbes aromatiques et de la farine complète.

Soles à l'indienne

1/2 cuillère à café de Cayenne
1/2 cuillère à café de curcuma
1/2 cuillère à café de coriandre moulue
1/2 cuillère à café de cumin moulu
1/2 cuillère à café de garam massala
sel et poivre
300 g de yaourt nature
2 gousses d'ail écrasées
2 soles en filets
POUR DÉCORER :
feuilles de coriandre
quartiers de citron

Mélangez toutes les épices, le sel et le poivre. Ajoutez-les au yaourt ainsi que l'ail, versez dans une grande jatte, ajoutez le poisson et laissez mariner 1 heure.

Versez de l'eau bouillante à mi-hauteur d'une cocotte. Mettez une grille et posez dessus le poisson. Versez le reste de marinade sur le poisson.

Faites cuire 15 minutes au four (180°).

Disposez sur un plat et décorez avec la coriandre et les quartiers de citron.

Pour 2 personnes

NOTE : pour 4 personnes, ajoutez 2 poissons.

Poisson à la chinoise

500 g de filet de cabillaud
sel
1 cuillère à soupe d'huile
2 tranches de lard découenné émincées
50 g de petits pois cuits
50 g de grains de maïs
6 cuillères à soupe de bouillon
2 cuillères à café de vin blanc sec
2 cuillères à café de sauce soja
1 cuillère à café de sucre
1 cuillère à café de maïzena
ciboules

Coupez le poisson en lanières de 2 cm de large, saupoudrez-les de sel et laissez-les ainsi 15 minutes.

Dans l'huile chaude faites revenir le lard 3 minutes. Ajoutez le reste des ingrédients, sauf la maïzena, et portez à ébullition. Incorporez la maïzena délayée avec 1 cuillère à café d'eau et laissez cuire 1 minute.

Décorez avec les ciboules et servez aussitôt.

Pour 4 personnes

NOTE : pour préparer les ciboules, coupez la partie verte en lanières, avec une base non coupée de 2 cm. Plongez-les dans de l'eau glacée : elles s'ouvriront d'elles-mêmes.

Maquereaux à la scandinave

3 cuillères à soupe de vinaigre de cidre
30 cl d'eau
1 oignon émincé
1 feuille de laurier
persil
thym
6 grains de poivre
1/2 cuillère à café de sel
4 maquereaux
SAUCE :
150 g de yaourt nature
1 cuillère à soupe de moutarde
1 cuillère à café de sucre roux
1 cuillère à soupe de vinaigre de cidre
1 cuillère à soupe de fenouil haché

Dans une casserole, mettez le vinaigre, l'eau, l'oignon, les herbes, les grains de poivre et le sel. Amenez à ébullition et faites mijoter 20 minutes. Disposez les maquereaux nettoyés dans un plat creux en terre et arrosez du liquide infusé. Couvrez et faites cuire au four (180°) 20 à 25 minutes. Mettez le poisson sur un plat de service chaud et gardez au chaud.

Mettez tous les ingrédients de la sauce dans une petite casserole et placez celle-ci sur une casserole d'eau frémissante ; tournez jusqu'à ce que le mélange soit homogène et bien réchauffé.

Versez la sauce sur le poisson. Servez immédiatement.

Pour 4 personnes

Filets d'églefin aux champignons

300 g de filets d'églefin
sel et poivre
beurre
2 cuillères à soupe d'eau
SAUCE :
15 g de beurre
50 g de champigons de Paris hachés
10 cl de crème fraîche
1/4 cuillère à café de paprika
persil haché

Mettez le poisson dans un plat creux allant au four. Saupoudrez-le de sel et de poivre, de petits morceaux de beurre et ajoutez l'eau. Couvrez de papier aluminium et laissez cuire 20 minutes à four tiède (160°).

Pendant ce temps, préparez la sauce : faites fondre le beurre dans une casserole et faites-y revenir les champignons 1 minute. Ajoutez la crème, le paprika, du sel et du poivre. Laissez chauffer doucement.

Égouttez le poisson, nappez-le de sauce et décorez de persil haché. Servez aussitôt.

Pour 2 personnes

Maquereaux au cidre

1 kg de pommes fruits épluchées et émincées
5 cuillères à soupe de cidre brut
150 g de yaourt nature
5 cuillères à soupe de moutarde
sel et poivre
4 maquereaux en filets
POUR DÉCORER :
rondelles de citron
brins de persil

Étalez les pommes sur le fond d'un grand plat à four beurré. Faites chauffer doucement le cidre, puis versez-le sur les pommes. Couvrez de papier aluminium et faites cuire 15 minutes au four (200°).

Pendant ce temps, mélangez le yaourt avec la moutarde, salez et poivrez.

Disposez les filets de poisson sur les pommes, versez dessus la sauce et laissez cuire au four 30 minutes.

Décorez avec des rondelles de citron et du persil.

Pour 4 personnes

A GAUCHE : *soles à l'indienne ; poisson à la chinoise*
A DROITE : *maquereaux au cidre*

Ragoût méditerranéen

3 cuillères à soupe d'huile d'olive
2 oignons en rondelles
2 gousses d'ail écrasées
4 tomates en morceaux
15 cl d'eau
15 cl de vin blanc
1 feuille de laurier
sel et poivre
750 g de filet de cabillaud
1/2 l de moules
75 g de crevettes décortiquées
1 cuillère à soupe de persil haché

Dans une casserole, faites chauffer l'huile ; faites revenir les oignons. Ajoutez l'ail, les tomates, la moitié de l'eau, le vin, le laurier, salez et poivrez. Laissez mijoter 15 minutes.

Coupez le poisson en morceaux de 5 cm de côté, ajoutez-le au reste et laissez cuire 15 minutes. Nettoyez les moules, jetez celles qui seraient ouvertes. Mettez-les dans une cocotte avec le reste de l'eau, couvrez et faites ouvrir 5 minutes sur feu fort. Jetez celles qui restent fermées. Retirez une demi-coquille à chaque moule, ajoutez-les, avec leur jus et les crevettes, au reste de la préparation. Faites cuire encore 3 minutes. Versez dans un plat de service chaud et saupoudrez de persil.

Pour 4 à 6 personnes

Risotto aux crevettes

4 cuillères à soupe d'huile
1 oignon haché
250 g de riz complet
50 cl d'eau
sel et poivre
1 poivron rouge coupé en dés
1 gousse d'ail écrasée
50 g d'amandes effilées
350 g de crevettes décortiquées
1 cuillère à soupe de persil haché

Dans une casserole, faites chauffer la moitié de l'huile, et faites fondre l'oignon. Ajoutez le riz et faites cuire 2 minutes en remuant. Ajoutez l'eau et 1 cuillère à café de sel, amenez à ébullition, laissez mijoter 40 à 45 minutes, en ajoutant de l'eau si nécessaire.

Dans une autre casserole, faites chauffer le reste d'huile, le poivron et faites revenir 3 minutes. Ajoutez l'ail, les amandes et les crevettes. Faites frire encore 2 minutes, jusqu'à ce que les amandes soient grillées et les crevettes bien chaudes.

Incorporez le riz, ajoutez du poivre et du sel si nécessaire. Versez dans un plat de service chaud et saupoudrez de persil haché.

Pour 4 personnes

Morue à la sauce tomate

4 tranches de morue fraîche
SAUCE TOMATE :
4 cuillères à soupe d'huile d'olive
500 g de tomates coupées en morceaux
1 gousse d'ail écrasée
1 cuillère à soupe de persil haché
4 cuillères à soupe de vin blanc
sel et poivre

Pour la sauce, faites chauffer l'huile dans une casserole, ajoutez les tomates, l'ail, le persil, le vin, assaisonnez. Faites cuire sur feu doux 7 à 10 minutes, en remuant de temps en temps.

Versez la moitié de la sauce dans un plat creux, posez le poisson dessus et arrosez du reste de sauce. Couvrez et laissez mijoter au four (190°), 20 à 25 minutes. Versez sur un plat de service chaud et servez sans attendre.

Pour 4 personnes

Gratin du marin

50 cl de lait
1 feuille de laurier
2 rondelles de citron
sel et poivre
500 g de filets de merlan
50 g de beurre
125 g de petits champignons de Paris coupés en quatre
40 g de farine
3 cuillères à soupe de yaourt
2 cuillères à soupe de persil haché
2 œufs durs hachés
500 g de pommes de terre cuites, en rondelles
50 g de gruyère râpé
POUR DÉCORER :
rondelles de citron
brins de persil

Dans une casserole faites bouillir le lait avec le laurier, les rondelles de citron, le sel, le poivre. Ajoutez le poisson et laissez frémir 15 minutes. Retirez le poisson avec une écumoire et passez le liquide. Émiettez le poisson.

Faites fondre le beurre dans une casserole, ajoutez et faites revenir les champignons 2 minutes. Ajoutez et tournez la farine 1 minute, puis incorporez peu à peu le liquide de cuisson et portez à ébullition.

Retirez du feu et incorporez le poisson, le yaourt, le persil et les œufs. Rectifiez l'assaisonnement et versez dans un plat à gratin. Répartissez dessus les rondelles de pommes de terre, puis saupoudrez de fromage.

Faites cuire 10 à 15 minutes au four (180°). Décorez avec le citron et le persil.

Pour 4 personnes

Ragoût méditerranéen ; morue à la sauce tomate ; risotto aux crevettes

Rouget sauce Mornay

500 g d'épinards
sel et poivre
50 g de beurre
125 g de champignons de Paris émincés
750 g à 1 kg de filets de rougets
40 g de farine
45 cl de lait
muscade râpée
100 g de gruyère râpé
persil pour décorer

Lavez les épinards ; faites-les cuire jusqu'à ce qu'ils soient tendres. Égouttez, pressez-les bien et hachez-les. Salez, poivrez et ajoutez 15 g de beurre. Étalez-les au fond d'un plat à gratin beurré, ajoutez les champignons, puis les filets de poissons.

Faites fondre le reste de beurre dans une casserole, ajoutez la farine et laissez cuire 1 minute. Incorporez peu à peu le lait et portez à ébullition. Laissez mijoter, tout en tournant jusqu'à ce que le tout ait épaissi. Salez, poivrez, ajoutez la muscade, puis le gruyère râpé, sauf 2 cuillères à soupe. Versez la sauce sur le poisson et saupoudrez du reste de gruyère râpé. Faites cuire environ 30 minutes au four (180°) ; le poisson doit être tendre. Décorez avec du persil.
Pour 4 personnes

Maquereaux à l'anglaise

2 maquereaux, filets levés
1 cuillère à soupe de chapelure
sel et poivre
1 noix de beurre
SAUCE :
125 g de groseilles à maquereau
1 cuillère à soupe d'eau
1 cuillère à café de sucre
1 pincée de muscade râpée

Lavez les filets de poisson et essuyez-les. Salez et poivrez la chapelure, puis saupoudrez-en le poisson. Parsemez de petits morceaux de beurre et faites cuire 15 à 20 minutes sous le gril.

Pour la sauce, mettez tous les ingrédients dans une casserole. Couvrez et laissez mijoter 10 à 15 minutes ; les fruits doivent être tendres. Réduisez en purée au mixeur et passez le tout pour ôter les pépins.

Disposez les filets de poisson sur un plat de service chaud et nappez-les de sauce. Servez aussitôt.
Pour 2 personnes

Harengs marinés

15 cl de vinaigre de vin blanc
15 cl de vin blanc
15 cl d'eau
1 cuillère à soupe d'épices à cornichons
8 grains de poivre
1 feuille de laurier
1 oignon en rondelles
1 cuillère à café de sel
6 harengs sans arête

Dans une casserole, mettez tous les ingrédients à l'exception des poissons. Amenez à ébullition, puis laissez refroidir.

Disposez les harengs dans un plat creux allant au feu et arrosez du liquide. Couvrez et faites cuire au four (160°), pendant 1 heure. Laissez refroidir, puis mettez au réfrigérateur une nuit entière. Servez accompagné d'une salade et de tranches de pain complet.
Pour 6 personnes

Gratin de poisson

750 g de cabillaud
30 cl de lait
1 bouquet garni
sel et poivre
1 pied de céleri coupé en morceaux
1 petit bulbe de fenouil en morceaux
2 poireaux émincés
1 carotte émincée
1 cuillère à soupe de jus de citron
15 cl d'eau
40 g de beurre
40 g de farine
3 cuillères à soupe de crème
2 cuillères à soupe de persil haché
1 cuillère à café de feuille de fenouil hachées
POUR TERMINER :
50 g de beurre
125 g de farine
75 g de gruyère râpé
1 pincée de Cayenne

Mettez le poisson dans une casserole avec le lait, le bouquet garni, salez, poivrez et laissez frémir 10-15 minutes. Mettez de côté le liquide de cuisson. Nettoyez le poisson et émiettez-le en gros morceaux.

Mettez les légumes dans une casserole avec le jus de citron, l'eau ; portez à ébullition, couvrez et laissez frémir 5 minutes. Égouttez et mettez de côté le jus de cuisson.

Faites fondre le beurre dans une casserole, ajoutez la farine et tournez 1 minute. Incorporez peu à peu les liquides de cuisson et laissez bouillir 1 minute en tournant. Retirez du feu, incorporez la crème fraîche, le persil, les feuilles de fenouil, le poisson et les légumes. Versez dans un plat.

Travaillez le beurre et la farine jusqu'à ce que cela soit grumeleux, puis ajoutez le fromage, le piment, et répartissez sur le plat. Faites cuire 20 minutes au four (200°).
Pour 4 à 6 personnes

Poisson boulangère

500 g de pommes de terre
sel et poivre
50 g de beurre
1 gousse d'ail hachée fin
750 g de filets de poisson blanc, sans la peau et coupés en morceaux
1 gros oignon coupé en rondelles

Faites cuire les pommes de terre à l'eau bouillante salée 10 minutes. Épluchez-les et coupez-les en tranches fines.

Faites une pommade avec la moitié du beurre et l'ail et étalez-la sur le fond d'une cocotte. Posez dessus les morceaux de poisson, salez et poivrez, puis répartissez dessus les tranches d'oignons et de pommes de terre. Parsemez de petits morceaux de beurre.

Faites cuire environ 40 minutes au four (180°) ; le poisson et les pommes de terre doivent être tendres.

Pour 4 personnes

Églefin au pamplemousse

4 filets d'églefin
50 g de beurre
3 ciboules coupées fin
sel et poivre
2 pamplemousses
125 g de champignons émincés

Disposez les filets d'églefin dans un plat à gratin beurré. Mélangez le beurre, la ciboule, salez et poivrez. Râpez le zeste des pamplemousses et incorporez-le au beurre, dont vous badigeonnerez l'églefin, et couvrez de champignons.

Pressez l'un des pamplemousses, pelez l'autre et divisez-le en quartiers. Versez le jus sur la préparation et répartissez les quartiers.

Couvrez et faites cuire environ 30 minutes au four (180°) ; le poisson doit être tendre.

Pour 4 personnes

Poisson boulangère ; églefin au pamplemousse

Bœuf à l'orange

Bœuf à l'orange

1 1/2 cuillère à soupe de farine
sel et poivre
350 g de bœuf à braiser coupé en morceaux
15 g de beurre
1 petit oignon haché fin
1/2 poivron vert, épépiné et haché fin
zeste râpé, jus et pulpe de 1 orange
20 cl de bouillon de bœuf
persil haché pour décorer

Salez et poivrez la farine et passez-y les morceaux de viande. Dans le beurre fondu dans une cocotte faites revenir l'oignon et le poivron, puis faites dorer la viande. Mettez le tout dans une cocotte beurrée.

Ajoutez le zeste, le jus et la pulpe d'orange, le bouillon, salez et poivrez. Couvrez et laissez cuire 1 h à 1 h 15 au four (160°).

Décorez avec du persil et servez aussitôt.

Pour 2 personnes

Bœuf gratiné

200 g de bœuf haché
1 petit oignon haché fin
1 branche de céleri hachée
25 g de champignons hachés
1 petite carotte râpée
1 cuillère à café de farine
15 cl de bouillon de bœuf
1/2 cuillère à café de sauce Worcestershire
sel et poivre
POUR GRATINER :
75 g de farine complète
25 g de flocons d'avoine
25 g de beurre
40 g de gruyère râpé
1 pincée d'herbes de Provence
POUR DÉCORER :
persil

Faites revenir le bœuf haché dans une poêle, dans sa propre graisse, jusqu'à ce qu'il soit doré. Ajoutez l'oignon, le céleri, les champignons et la carotte, et faites-les revenir. Ajoutez la farine et laissez cuire 1 minute. Versez le bouillon, la sauce Worcestershire, salez et poivrez. Portez à ébullition, remuez, puis couvrez et laissez frémir 30 à 40 minutes.

Mettez la farine complète et les flocons d'avoine dans une jatte. Incorporez-y le beurre du bout des doigts jusqu'à ce que cela forme un mélange grumeleux. Ajoutez le gruyère, les herbes, salez et poivrez.

Étalez la viande dans un plat à gratin et recouvrez-la du mélange. Faites cuire 20 à 30 minutes au four (190°).

Décorez avec du persil et servez aussitôt.

Pour 2 personnes

Viande

La viande figure dans des centaines de recettes merveilleuses ; excellente source de protéines, de vitamines et de sels minéraux, elle joue un rôle essentiel dans l'alimentation de la majorité de la population. Associée aux légumes frais ou secs, elle est économique et nourrissante.

Elle contient généralement beaucoup de graisses, aussi est-il prudent de choisir des morceaux maigres et de les parer soigneusement. Souvenez-vous que la volaille offre moins de graisses que la viande rouge. C'est la peau qui en contient le plus.

Veau à l'italienne ; escalopes de veau à la crème

Veau à l'italienne

1 cuillère à soupe d'huile d'olive
350 g de veau en dés
1 gousse d'ail écrasée
1 petit oignon émincé
1/2 poivron épépiné et haché
125 g de tomates pelées et hachées
20 cl de bouillon
sel et poivre
1 bouquet garni
persil haché

Faites chauffer l'huile dans une poêle et faites-y dorer le veau, puis faites revenir l'ail et l'oignon.

Ajoutez le poivron, les tomates, le bouillon, salez et poivrez. Versez le tout dans une cocotte, ajoutez le bouquet garni, couvrez et faites cuire 1 h 30 au four (180°).

Ôtez le bouquet garni et dégraissez. Saupoudrez de persil haché et servez aussitôt.

Pour 2 personnes

Escalopes de veau à la crème

15 g de beurre
1 cuillère à café d'huile
1/2 oignon émincé
2 escalopes de veau
50 g de petits champignons
2 cuillères à soupe de madère
4 cuillères à soupe de crème fraîche
sel et poivre
paprika
2 rondelles de citron
persil haché

Faites chauffer le beurre et l'huile dans une poêle et faites-y revenir l'oignon 2 à 3 minutes. Ajoutez le veau et les champignons, et laissez cuire 8 à 10 minutes, en tournant une fois les escalopes ; elles doivent être dorées des deux côtés.

Versez le madère, puis portez à ébullition. Ajoutez la crème, tournez et laissez faire un bouillon. Salez, poivrez.

Déposez les escalopes sur un plat de service chaud et nappez-les de sauce. Saupoudrez de paprika, posez les rondelles de citron et saupoudrez de persil.

Pour 2 personnes

Côtelettes d'agneau provençale

Côtelettes d'agneau provençale

8 côtelettes d'agneau
1 œuf battu
4 cuillères à soupe de chapelure
sel et poivre
huile
SAUCE :
2 cuillères à soupe d'huile d'olive
1 oignon en tranches
1 poivron rouge et 1 vert, en tranches
4 tomates pelées
1 gousse d'ail écrasée
1 cuillère à café de concentré de tomates
1 cuillère à café de thym
sel et poivre
persil haché

Trempez les côtelettes dans l'œuf battu, puis dans la chapelure salée et poivrée ; appuyez bien avec une spatule.

Pour la sauce, faites chauffer l'huile dans une poêle, ajoutez l'oignon et les poivrons, faites revenir. Coupez les tomates en huit, ajoutes-les. Ajoutez le reste des ingrédients, sauf le persil, assaisonnez, couvrez et faites cuire à feu doux 7 à 8 minutes.

Versez l'huile dans une poêle sur 5 mm ; faites chauffer sur feu doux. Ajoutez les côtelettes et faites-les cuire 4 à 5 minutes sur chaque face ; posez-les sur du papier absorbant.

Disposez-les sur une moitié du plat de service chaud et versez la sauce sur l'autre moitié. Saupoudrez de persil.

Pour 4 personnes

Bœuf bourguignon

180 g de lard demi-sel coupé en lardons
2 gros oignons émincés
1,25 kg de bœuf (macreuse, gîte ou talon)
1 bouquet garni
30 cl de vin rouge
3 cuillères à soupe de saindoux
1 1/2 cuillère à soupe de farine
2 gousses d'ail écrasées
sel et poivre
250 g de petits champignons
12 petits oignons
1 cuillère à soupe de persil haché

Mettez les lardons, les oignons et le bœuf dans une jatte. Ajoutez le bouquet garni et le vin, mélangez bien et laissez mariner 4 heures. Passez la marinade et mettez-la de côté.

Faites fondre le saindoux dans une cocotte et faites-y revenir doucement 5 minutes les lardons et les oignons hachés, puis mettez-les de côté.

Faites dorer la viande de tous côtés dans la cocotte. Saupoudrez de farine et laissez cuire 1 minute. Versez la marinade et portez à ébullition. Ajoutez le bouquet garni, l'ail, salez et poivrez. Couvrez et faites cuire 1 h 30 à 2 heures au four (160°).

Ajoutez les lardons, les oignons, les champignons, les petits oignons, puis laissez cuire encore 1 heure. Retirez le bouquet garni et servez.

Pour 6 personnes

Hochepot d'agneau

250 g de pommes de terre émincées
500 g de collier en tranches
sel et poivre
1 oignon émincé
2 carottes coupées en rondelles
1 branche de céleri haché
1 pincée d'herbes de Provence
20 cl de bouillon
15 g de beurre fondu

Disposez au fond d'une cocotte ou d'une terrine la moitié des pommes de terre. Posez dessus la viande, salez et poivrez abondamment.

Mélangez l'oignon, les carottes, le céleri et les herbes, saupoudrez le tout sur la viande et versez dessus le bouillon. Recouvrez avec le reste de pommes de terre, en les faisant se chevaucher les unes les autres, puis badigeonnez-les de beurre.

Couvrez et faites cuire 1 h 30 au four (180°).

Pour 2 personnes

Brochettes de rognons au lard

12 tranches de poitrine fumée
2 poivrons verts
12 rognons d'agneau
6 petits oignons
2 cuillères à soupe d'huile d'olive
thym haché
RIZ PILAF :
2 cuillères à soupe d'huile d'olive
1 oignon haché
1 poivron rouge en morceaux
1 gousse d'ail écrasée
250 g de riz complet
50 cl de bouillon
1 feuille de laurier
sel et poivre
50 g de raisins secs
2 cuillères à soupe de sauce soja

Pour le pilaf, dans une casserole, faites chauffer l'huile et blondir l'oignon. Ajoutez le poivron, l'ail et le riz et laissez cuire encore 2 mn, en remuant. Ajoutez le bouillon, la feuille de laurier et assaisonnez. Amenez à ébullition, couvrez et laissez cuire à feu doux 35 minutes. Ajoutez alors les raisins secs, prolongez la cuisson de 5 à 10 minutes.

Coupez les tranches de poitrine fumée en deux, roulez-les sur elles-mêmes. Coupez les poivrons en morceaux ; enlevez la peau des rognons, évidez-les et coupez-les en deux. Coupez les oignons en quatre. Enfilez les rognons, la poitrine fumée, les morceaux d'oignon sur huit brochettes. Mélangez l'huile, le thym, assaisonnez, badigeonnez-les.

Faites griller 8 à 10 mn, en tournant fréquemment et en arrosant d'huile. Mélangez la sauce soja au riz pilaf, versez le tout sur un plat chaud.

Pour 4 personnes

Foie aux herbes

2 cuillères à soupe de farine complète
sel et poivre
500 g de tranches de foie
2 cuillères à soupe d'huile
2 oignons hachés
15 cl de vin rouge
15 cl de bouillon
2 cuillères à soupe de concentré de tomates
thym haché
2 tomates en tranches

Roulez les tranches de foie dans la farine salée et poivrée. Dans une cocotte, faites chauffer l'huile et faites cuire le foie 2 minutes sur chaque face. Réservez.

Faites dorer doucement les oignons dans la cocotte, ajoutez le vin, le bouillon, le concentré, le thym, assaisonnez. Amenez à ébullition, remettez le foie, couvrez et laissez cuire sur feu doux 15 minutes. Ajoutez les tomates et laissez cuire 5 minutes. Disposez le foie sur un plat de service, arrosez de sauce et servez sans attendre.

Pour 4 personnes

Brochettes de rognons au lard ; foie aux herbes

Porc à l'orange

15 g de beurre
2 côtes de porc
zeste râpé et jus de 1/2 orange
sel et poivre
1 petit oignon haché fin
1/2 poivron évidé et haché
20 cl de bouillon
1 cuillère à café de maïzena
1 pincée de sucre
50 g d'abricots secs
cresson pour décorer

Faites fondre le beurre dans une poêle et faites-y dorer les côtes des deux côtés.

A l'aide d'une écumoire, mettez-les dans un plat creux allant au four. Saupoudrez-les de zeste d'orange, salez et poivrez.

Faites revenir l'oignon et le poivron dans la poêle. Ajoutez le bouillon. Délayez la maïzena dans le jus d'orange et versez dans la poêle. Tournez jusqu'à ce que la sauce épaississe. Ajoutez le sucre, salez et poivrez.

Disposez les abricots sur la viande et nappez-les de sauce. Couvrez avec du papier aluminium et faites cuire 1 h 15 au four (180°).

Décorez avec du cresson et servez aussitôt.

Pour 2 personnes

Bœuf aux carottes

1 kg de bœuf à braiser
3 cuillères à soupe d'huile
25 g de farine
75 cl de bouillon de bœuf
4 oignons hachés
250 g de carottes coupées en rondelles
1 navet coupé en dés
sel et poivre
muscade râpée
2 feuilles de laurier
4 petites pommes de terre coupées en rondelles

Coupez la viande en cubes de 2-3 cm de côté. Faites chauffer l'huile dans une cocotte et dorez la viande de tous côtés. Saupoudrez de farine et laissez cuire 1 minute, tout en tournant. Versez peu à peu le bouillon, portez à ébullition, sans cesser de tourner. Baissez le feu pour que cela frémisse et ajoutez les oignons, les carottes et le navet.

Salez, poivrez, ajoutez la muscade et le laurier. Couvrez et laissez cuire 1 h 30 au four (160°). Ajoutez les pommes de terre et remettez au four 1 heure. Ôtez le laurier avant de servir.

Pour 4 à 6 personnes

Bœuf au gingembre

500 g de rumsteck, émincé
1 cuillère à café de sel
2 cuillères à soupe d'huile
2 gousses d'ail émincées
10 cm de gingembre frais en lanières
4 cuillères à soupe de sauce soja
2 cuillères à soupe de vin blanc sec
4 ciboules en lanières
gingembre et ciboule coupés en lanières pour garnir

Saupoudrez la viande de sel. Faites chauffer l'huile dans une poêle. Ajoutez l'ail et faites revenir rapidement jusqu'à ce qu'il brunisse. Ajoutez la viande, le gingembre, et faites revenir 2 minutes tout en tournant. Incorporez la sauce soja, le vin blanc, et laissez cuire 1 minute. Incorporez la ciboule.

Disposez sur un plat de service chaud et parsemez avec le gingembre et la ciboule. Servez immédiatement.

Pour 4 personnes

Épaule d'agneau parfumée

1,5 kg d'épaule d'agneau désossée
2 gousses d'ail
2-3 branches de romarin coupées en morceaux
1 cuillère à café de sauge hachée
8 cuillères à soupe de persil haché
1 cuillère à soupe de thym haché
2 cuillères à café de romarin haché
4 échalotes hachées
sel et poivre

Étalez la viande sur un plan de travail. Coupez en lamelles une gousse d'ail et écrasez l'autre. Mettez la moitié du romarin dans un plat à four.

Mélangez dans une jatte l'ail écrasé, les herbes hachées, les échalotes, salez et poivrez. Répartissez sur la viande, roulez-la et ficelez-la. Piquez-la en surface avec la pointe d'un couteau pour y introduire les lamelles d'ail. Mettez la viande dans le plat à four et répartissez dessus le reste de romarin.

Faites cuire 1 h 30 au four (200°).

Accompagnez de pommes de terre sautées.

Pour 6 à 8 personnes

Épaule d'agneau parfumée

Moussaka

Moussaka

2 aubergines moyennes coupées en tranches
sel et poivre
6 cuillères à soupe d'huile d'olive (environ)
1 gros oignon haché
1 gousse d'ail hachée
750 g de mouton cuit haché
250 g de tomates pelées et hachées
2 cuillères à soupe de persil haché
muscade râpée
25 g de beurre
25 g de farine
30 cl de lait
1 jaune d'œuf
persil pour décorer

Saupoudrez les tranches d'aubergines de sel et laissez-les ainsi 30 minutes. Rincez et séchez. Faites chauffer doucement l'huile dans une poêle et faites dorer les tranches d'aubergines. Ajoutez l'oignon et l'ail ; faites-les revenir. Ajoutez le mouton, les tomates, le persil, de la muscade, salez et poivrez. Laissez cuire 5 minutes.

Disposez en couches alternées dans une cocotte les aubergines et le mouton, en commençant et en terminant par une couche d'aubergines. Faites fondre le beurre dans une casserole, ajoutez la farine, tournez et laissez cuire 1 minute. Incorporez le lait peu à peu, portez à ébullition et laissez mijoter, en tournant jusqu'à ce que la sauce épaississe. Salez, poivrez et ajoutez de la muscade. Laissez refroidir et battez le jaune d'œuf dedans.

Versez la sauce sur les aubergines et faites cuire 45 minutes au four (180°). Décorez avec du persil.

Pour 4 personnes

Rognons en ragoût

3 cuillères à soupe de farine
sel et poivre
12 rognons de mouton coupés en tranches
250 g de lardons demi-sel
25 g de beurre
1 gros oignon haché
1 gousse d'ail écrasée
1 poivron rouge coupé en dés
2 tomates hachées
15 cl de bouillon de bœuf
6 cuillères à soupe de vin rouge
triangles de pain grillé pour décorer

Salez et poivrez la farine ; passez les rognons dedans. Faites fondre le beurre et revenir les lardons jusqu'à ce qu'ils soient croustillants. Ôtez-les de la poêle avec une écumoire et mettez-les dans une cocotte.

Faites dorer les rognons dans la poêle, puis mettez-les dans la cocotte.

Faites revenir dans la poêle l'oignon, l'ail et le poivron. Ajoutez les tomates, le bouillon et le vin, puis versez le tout dans la cocotte et mélangez bien. Couvrez et faites cuire 30 minutes au four (180°) ; les rognons doivent être tendres. Disposez les triangles de pain avant de servir.

Pour 4 personnes

Queue de bœuf en cocotte

25 g de farine
2 queues de bœuf coupées en morceaux
3 cuillères à soupe de cognac
1 oignon haché
2 carottes coupées fin
1 bouquet garni
30 cl de vin rouge
45 cl de bouillon de bœuf ou d'eau

Salez et poivrez la farine, puis passez-y les morceaux de queue de bœuf. Posez-les dans une cocotte et faites-les cuire 30 minutes au four (230°) en les tournant fréquemment.

Ôtez toute la graisse de la cocotte. Faites chauffer le cognac, versez-le sur la viande et flambez. Ajoutez l'oignon, les carottes, le bouquet garni, le vin, le bouillon ou l'eau.

Baissez la température du four à 180° et faites cuire 4 heures ; la viande doit être tendre. Remuez de temps à autre et ajoutez un peu de liquide si nécessaire. Ôtez le bouquet garni.

Pour 4 à 6 personnes

Côtes de mouton au cidre

1 cuillère à soupe d'huile
25 g de beurre
1 gros oignon émincé
2 pommes pelées coupées en rondelles
2 cuillères à soupe de raisins secs
2 cuillères à soupe de sucre
sel et poivre
8 à 12 côtes de mouton
15 cl de cidre brut

Faites chauffer l'huile et le beurre dans une poêle et faites revenir l'oignon. Ôtez-le avec une écumoire et disposez-en la moitié au fond d'une cocotte. Couvrez de la moitié des pommes, la moitié des raisins et la moitié du sucre ; salez et poivrez.

Faites dorer les côtes dans la poêle. Égouttez-les et posez-les dans la cocotte. Recouvrez avec le reste d'oignon et de pommes, puis saupoudrez le reste de raisins et de sucre ; salez et poivrez. Versez le cidre.

Couvrez et laissez cuire 1 h 30 au four (180°) ; les côtes doivent être tendres.

Pour 4 personnes

Porc et mouton en cocotte

25 g de beurre
750 g de pommes de terre coupées en rondelles
500 g d'épaule de mouton désossée, coupé en cubes
500 g d'épaule de porc désossée, coupée en cubes
2 oignons hachés
sel et poivre
15 cl de vin blanc sec

Beurrez une cocotte avec la moitié du beurre. Disposez une couche de pommes de terre, puis ajoutez le mouton, le porc et les oignons en couches successives ; salez et poivrez. Versez le vin, terminez par une couche de pommes de terre et parsemez de petits morceaux de beurre. Couvrez et laissez cuire 1 h 30 au four (190°).

Ôtez le couvercle et laissez encore cuire 30 minutes ; les pommes de terre doivent être dorées.

Pour 4 personnes

Côtes de mouton au cidre ; porc et mouton en cocotte

Bœuf aux champignons

1 kg de bœuf à braiser
3 cuillères à soupe de farine
sel et poivre
3 cuillères à soupe d'huile
3 oignons hachés
1 gros poivron vert coupé fin
60 cl de bouillon de bœuf (ou d'un mélange de bouillon de bœuf et de vin rouge)
1 bouquet garni
250 g de champignons émincés

Coupez la viande en cubes de 2-3 cm. Salez et poivrez la farine, puis passez-y les cubes de viande. Faites chauffer l'huile dans une cocotte, et faites dorer ces cubes de tous côtés. Ôtez-les de la cocotte. Faites revenir dans la graisse de la cocotte les oignons et le poivron. Remettez la viande, saupoudrez de farine et laissez cuire 1 minute, tout en remuant.

Versez peu à peu le bouillon et, sans cesser de tourner, portez à ébullition. Ajoutez le bouquet garni, couvrez et faites cuire 2 heures au four (160°).

Ajoutez les champignons, rectifiez l'assaisonnement et laissez cuire encore 30 minutes. Ôtez le bouquet garni.

Pour 4 à 6 personnes

Bœuf aux épinards

750 g d'épinards
1 cuillère à soupe d'huile
1 gros oignon haché fin
500 g de bœuf haché
250 g de champignons émincés
15 cl de crème fraîche
1 pincée d'origan
1 pincée de basilic
1 pincée de thym
250 g de gruyère râpé
sel et poivre

Faites cuire les épinards ; égouttez, pressez, puis hachez-les.

Faites chauffer l'huile dans une casserole et faites-y revenir l'oignon. Ajoutez le bœuf et faites-le dorer ; faites de même avec les champignons 5 minutes. Ôtez du feu et dégraissez. Ajoutez les épinards, la crème, les herbes et la moitié du gruyère, mélangez bien, salez et poivrez, puis versez le tout dans une cocotte beurrée.

Saupoudrez du reste de gruyère et faites cuire 25 minutes au four (180°).

Pour 4 personnes

Carbonade de bœuf

3 cuillères à soupe d'huile
2 gros oignons en rondelles
125 g de champignons de Paris coupés en deux
750 g de bœuf à braiser coupé en quatre morceaux
sel et poivre
2 cuillères à soupe de farine
30 cl de bière blonde
1 gousse d'ail écrasée
1 cuillère à soupe de sucre roux

Faites chauffer l'huile dans une poêle ; faites-y revenir l'oignon, puis mettez-le dans une cocotte avec les champignons.

Salez, poivrez la viande et passez-la dans la farine ; faites-la dorer de tous côtés dans la poêle et mettez-la dans la cocotte. Saupoudrez le reste de farine dans la poêle, et mélangez bien ; tournez jusqu'à ce que cela prenne couleur, puis incorporez peu à peu la bière. Ajoutez l'ail, le sucre, salez, poivrez et portez à ébullition. Versez sur la viande, couvrez et faites cuire 2 h à 2 h 30 au four (160°).

Pour 4 personnes

Bœuf aux épinards

Côtes de porc aux poires

5 cuillères à soupe d'huile
6 côtes de porc
1 oignon haché
15 cl de jus d'orange
sel et poivre
3 poires pelées et coupées en deux
6 fines rondelles de citron
clous de girofle
1 cuillère à café de maïzena

Faites chauffer l'huile dans une poêle et faites dorer les côtes des deux côtés, puis disposez-les dans un plat à four. Faites revenir l'oignon dans la poêle ; mettez le tout autour de la viande et versez le jus d'orange. Salez, poivrez, couvrez et faites cuire 45 à 50 minutes au four (190°).

Posez sur chaque poire une rondelle de citron que vous fixerez avec des clous de girofle. Posez les poires sur les côtes et faites cuire sans couvrir au four 10 minutes.

Disposez les côtes et les poires sur un plat de service et tenez au chaud. Dégraissez le jus de cuisson et vérifiez qu'il ne reste que 20 cl (en ajoutant de l'eau si nécessaire). Faites dissoudre la maïzena dans un peu d'eau et ajoutez-la à la sauce. Faites chauffer dans une casserole, tout en tournant, jusqu'à ce que le tout épaississe. Nappez-en les côtes avant de servir.
Pour 6 personnes

Casserole du chasseur

Casserole du chasseur

30 cl de vin rouge
4 cuillères à soupe d'huile
1 gousse d'ail écrasée
1 feuille de laurier
sel et poivre
1 kg de lièvre désossé et coupé en cubes
25 g de beurre
2 grosses carottes coupées en rondelles
15 cl de bouillon de bœuf
250 g de petits oignons blancs
250 g de petits champignons de Paris

Mélangez le vin, l'huile, l'ail, la feuille de laurier, le sel et le poivre dans une grande jatte ; laissez mariner les morceaux de lièvre une nuit.

Égouttez-les, essuyez-les et mettez de côté la marinade. Faites chauffer le beurre dans une cocotte et dorez les morceaux de lièvre. Versez la marinade, les carottes, le bouillon et portez à ébullition. Couvrez et laissez cuire 2 heures au four (180°).

Faites blanchir les oignons dans de l'eau 5 minutes. Égouttez-les et pelez-les. Ajoutez oignons et champignons dans la cocotte et remuez bien. Laissez cuire à découvert encore 30 minutes. Ôtez la feuille de laurier avant de servir.
Pour 4 personnes

Garnitures

Les plats de résistance à base de viande, de volaille, de gibier et de poisson sont d'autant plus délicieux qu'ils sont servis avec une garniture de produits naturels. Il peut s'agir simplement de riz non décortiqué ou de riz sauvage, de pâtes de froment complet, de haricots secs ou de lentilles, de pommes de terre en robe des champs cuites au four et de pain complet.

Si vous en avez le temps, laissez-vous aller à votre fantaisie en ajoutant au riz et aux légumes quelques noisettes ou des graines de sésame grillées, aux pâtes des herbes aromatiques ciselées, une sauce au fromage frais ou des graines de pavot. Associez les haricots secs avec des fruits secs, des noisettes ou une ratatouille épicée. Incisez les pommes de terre au four et garnissez-les avec du fromage frais ou du yaourt nature.

Côtes de porc gratinées

25 g de beurre
2 grosses pommes coupées en tranches
1 gros oignon coupé fin
1 cuillère à café de sauge
4 à 8 côtes de porc
sel et poivre
125 g de champignons de Paris émincés
15 cl de cidre brut
50 g de chapelure
50 g de gruyère râpé

Beurrez un plat à gratin, disposez la moitié des tranches de pommes dedans et saupoudrez de la moitié de l'oignon et de la sauge. Posez les côtes par-dessus, salez, poivrez et couvrez avec les champignons. Ajoutez le reste de pomme, d'oignon, de sucre et de sauge. Versez le cidre.

Mélangez la chapelure et le fromage, puis saupoudrez-en le plat et répartissez en petits morceaux le reste de beurre. Faites cuire 45 minutes au four (200°).

Pour 4 personnes

Lapin à la moutarde

4 morceaux de lapin
1 cuillère à soupe de vinaigre
25 g de beurre
250 g de lard demi-sel découenné et coupé en dés
2 oignons hachés
15 g de farine
45 cl de bouillon de poule
sel et poivre
1 bouquet garni
15 cl de crème fraîche
2 cuillères à soupe de moutarde

Faites tremper les morceaux de lapin dans de l'eau additionnée de vinaigre une nuit. Égouttez, rincez et essuyez avec du papier absorbant.

Faites fondre le beurre dans une cocotte et faites dorer les morceaux de lapin, puis ôtez-les. Faites revenir dans la cocotte les lardons et les oignons. Saupoudrez-les de farine et laissez cuire 2 minutes tout en tournant. Incorporez peu à peu le bouillon et portez à ébullition. Salez, poivrez, puis remettez les morceaux de lapin et ajoutez le bouquet garni. Couvrez et faites cuire 1 h 30 au four (180°).

Ôtez les morceaux de lapin. Jetez le bouquet garni. Mélangez la crème et la moutarde et incorporez-les peu à peu dans le jus de cuisson. Laissez chauffer doucement sur le feu, sans laisser bouillir. Remettez les morceaux de lapin.

Pour 4 personnes

Côtelettes de chevreuil panées

4 côtelettes de chevreuil piquées de lard, marinées 48 heures
2 cuillères de farine
sel et poivre
1 œuf battu
150 g de chapelure
2 cuillères de parmesan râpé
1 cuillère à café de coriandre en poudre
1 cuillère à café de paprika
30 g de beurre
1 cuillère d'huile d'olive

Mélangez 1,5 cuillère de farine, du poivre et du sel. Saupoudrez-en les côtelettes essuyées. Trempez-les dans l'œuf. Mélangez la chapelure, le parmesan et les épices, enduisez-en les côtelettes. Chauffez le beurre et l'huile dans une poêle. Dorez les côtelettes des deux côtés, réduisez le feu, laissez cuire couvert 15 minutes. Réservez au chaud. Faites roussir le reste de farine dans la poêle, mouillez avec un peu de marinade. Donnez un bouillon, rectifiez l'assaisonnement.

Marinade : 3 verres de vin rouge, 1/2 verre de vinaigre, 1/2 verre d'huile d'olive, 1 petit oignon piqué d'un clou de girofle, 1 carotte en rondelles, 1 échalote émincée, 2 baies de genièvre écrasées, 2 grains de poivre, 1 pincée de sel, 1 pincée de sucre, 1/2 feuille de laurier, 1 brin de thym. Attendez quelques heures, puis faites mariner les pièces en retournant de temps en temps.

Pour 4 personnes

Daim au beurre de raifort

4 tranches de 150 g de filet de daim
angostura (amers aromatiques)
sel et poivre blanc
40 g de beurre
1 cuillère d'huile d'olive
2 cuillères de cognac
BEURRE DE RAIFORT :
25 g de beurre ramoli
2 cuillères de ciboulette hachée
2 cuillères de raifort râpé

Émincez les filets en trois tranches. Faites mariner 12 heures (voir ingrédients, ci-dessus). Pour le beurre de raifort mélangez soigneusement les ingrédients, façonnez-les en un cylindre de 2 cm de diamètre. Faites durcir au réfrigérateur.

Essuyez les émincés, assaisonnez-les de deux gouttes d'angostura, de sel et de poivre. Chauffez le beurre et l'huile dans une poêle. Saisissez-les 15 secondes de chaque côté et disposez-les sur des assiettes chaudes. Déglacez la poêle avec le cognac, rectifiez l'assaisonnement, nappez les émincés et posez sur chaque morceau une rondelle de beurre de raifort.

Pour 4 personnes

Pigeonneaux marinés rôtis

1 cuillère à café de coriandre concassée
1 cuillère à café de cayenne
1 bigarade (orange amère) en tranches
2 verres de vin
2 oignons hachés
1 verre de vinaigre
4 pigeonneaux
25 g de beurre
2 cuillères d'huile
persil haché

Mettez la veille dans un grand saladier la coriandre, le cayenne, la bigarade, le vin, les oignons, le vinaigre et les pigeonneaux.

Chauffez le beurre et l'huile dans une cocotte. Faites dorer les pigeonneaux essuyés, salés et poivrés sur toutes leurs faces, deux par deux. Replacez-les dans la cocotte avec la marinade. Couvrez et faites cuire au four (160°) 1 heure.

Servez sur le plat de service chaud, nappé de sauce et saupoudré de persil.

Pour 4 personnes

Pain de gibier

Canard mariné rôti

4 filets et 4 ailes de canard
MARINADE :
1 cuillère à café de sauce soja
1 verre de vinaigre
1 oignon haché
12 baies de genièvre écrasées
2 cuillères à café de graines de fenouil
1 gousse d'ail écrasée
SAUCE :
150 g de yaourt nature
sel et poivre

Placez les morceaux de canard dans un sachet de matière plastique. Ajoutez les ingrédients de la marinade. Chassez l'air et fermez hermétiquement. Laissez mariner 8 heures en retournant de temps en temps. Posez le canard, la peau vers le bas, dans un plat à four. Cuisez 1 heure au four (220°) en arrosant 2 fois avec la marinade et en retournant à mi-cuisson. Mettez dans le plat de service et gardez au chaud dans le four éteint. Versez 6 cuillères de la marinade dans une petite casserole, couvrez et cuisez à feu doux 5 minutes. Incorporez le yaourt. Salez et poivrez au goût.

Servez sur un lit de riz non décortiqué, nappez de sauce et décorez avec le cresson.

Pour 4 personnes

Pain de gibier

250 g de tranches de lard fumé, découennées
650 g de hachis de gibier, de plume ou de poil
sel et poivre
1 œuf battu
250 g de mie de pain complet émiettée
zeste râpé de 1 citron
25 g de persil haché
75 g d'olives noires dénoyautées coupées en deux
POUR DÉCORER :
olives noires
persil

Tapissez de tranches de lard le fond et les parois d'une terrine. Hachez fin le lard restant. Mélangez dans un grand bol le hachis salé et poivré, et la moitié de l'œuf. Répartissez-en la moitié dans le moule. Travaillez la mie de pain, le reste de l'œuf, le zeste, le persil haché, le lard, et ajoutez ce mélange dans le moule, surmonté des olives. Répartissez en pressant le reste de purée de gibier et complétez avec le reste de mélange de mie de pain. Couvrez d'une feuille de papier sulfurisé, faites cuire 1 h au four (190°). Retirez du four, attendez 5 minutes et versez le jus de cuisson dans une tasse.

Servez démoulé, chaud ou froid, arrosé du jus de cuisson, décoré d'olives et de persil.

Pour 4 personnes

Lapin en sauce

750 g de lapin découpé
2 verres de vin rouge
zeste de 1 citron
2 gousses d'ail écrasées
bouquet garni
250 g de jambon en dés
250 g d'oignons
250 g de carottes
sel et poivre
125 g de champignons
15 g de beurre
1 cuillère à café de maïzena
1 pincée de cayenne
1 cuillère de gelée de groseilles

Mettez lapin, vin, zeste, ail, bouquet, jambon, oignons et carottes en rondelles, sel et poivre, dans un plat allant au feu. Portez à ébullition et faites cuire 35 minutes au four (180°). Ajoutez les champignons et laissez cuire encore 15 minutes. Réservez la viande et les légumes sur le plat de service dans le four éteint.

Mélangez le beurre et la maïzena, et ajoutez graduellement à la sauce. Laissez épaissir à petit feu en tournant.

Ajoutez le cayenne et la gelée, laissez cuire 3 minutes, nappez le lapin et les légumes.

Pour 4 personnes

Gélinotte au four

1 petit oignon haché
thym effeuillé
2 baies de genièvre écrasées
1 petit-suisse
1 gelinotte du val de Loire, parée, vidée
50 g de lardons
sel et poivre
1 verre de bouillon ou de vin blanc
2 cuillères de gelée d'airelles

Travaillez à la fourchette l'oignon, le genièvre, le thym, et le petit-suisse. Piquez la gélinotte avec les lardons. Salez et poivrez intérieurement et extérieurement, tartinez de petit-suisse. Ficelez, posez dans un plat à four et faites rôtir 20 minutes au four (180°). Débridez le volatile, coupez-le en deux, replacez-le dans le plat avec le bouillon ou le vin blanc. Repassez 30 minutes au four. Placez sur le plat de service chaud, délayez la gelée dans le jus de cuisson.

Pour 2 personnes

Perdreaux en salmis

sel et poivre
2 perdreaux vidés
bardes de lard
30 g de beurre
1 cuillère d'huile
4 échalotes hachées
1 bouquet garni
1 pincée de muscade
1 cuillère de farine
1 tranche de jambon de Parme en lamelles
2 toasts coupés en deux
cresson pour décorer

Salez et poivrez intérieurement et extérieurement les perdreaux. Ficelez-les, bardez-les et placez-les dans une cocotte contenant la moitié du beurre et l'huile. Faites-les rôtir 18 minutes en arrosant souvent et en retournant à mi-cuisson. Débridez, détachez les membres, levez les filets et posez-les sur un plat.

Mettez dans la cocotte la carcasse grossièrement pilée avec les échalotes, le bouquet, la muscade. Salez et poivrez, couvrez d'eau, faites cuire 1 h 30. Passez le liquide au tamis. Faites fondre le reste de beurre dans la cocotte nettoyée, ajoutez la farine, tournez bien et mouillez avec le liquide de cuisson.

Réchauffez 10 minutes à feu doux dans cette sauce les perdreaux et les lamelles de jambon. Disposez sur le plat de service chaud, nappez, ajoutez les toasts et décorez avec le cresson.

Pour 2 personnes

Pintade au raisin

50 g de beurre
2 cuillères à soupe d'huile
2 pintades coupées chacune en quatre
8 échalotes
500 g de raisin noir épépiné
50 cl de jus de raisin non sucré
30 cl de vin blanc sec
sel et poivre
350 g de riz complet
3 cuillères à soupe d'estragon haché

Faites fondre la moitié du beurre et l'huile dans une cocotte et faites-y dorer les quartiers de pintade.

Ajoutez les échalotes, 350 g de raisin, le jus de raisin et le vin ; salez et poivrez au goût.

Couvrez et faites cuire 20 minutes au four (160°) ; ajoutez le riz et poursuivez la cuisson 35 à 40 minutes, jusqu'à ce que les pintades soient tendres et le riz cuit ; ajoutez alors le reste de beurre et l'estragon.

Garnissez avec le reste de raisin et servez avec une salade de cresson.

Pour 8 personnes

Pintade braisée aux framboises

sel et poivre
1 pintade parée, vidée
150 g de framboises fraîches ou décongelées
1 petit-suisse
1 cuillère d'huile
20 g de beurre
1 oignon haché
1 bouquet garni
4 cuillères de crème fraîche
POUR DÉCORER :
50 g de framboises
1 brin de persil
3 feuilles de laurier

Salez et poivrez la pintade intérieurement et extérieurement. Garnissez-la avec le petit-suisse et 1/3 des framboises. Ficelez et bardez soigneusement. Chauffez l'huile et le beurre dans une cocotte. Dorez le volatile, ajoutez l'oignon, le bouquet et laissez cuire 30 minutes par livre en arrosant fréquemment. Retournez à mi-cuisson. Mettez sur le plat de service et réservez au chaud.

Incorporez la crème en tournant, salez, poivrez, ajoutez le reste des framboises et chauffez 5 minutes à petit feu sans tourner. Versez la sauce dans le plat et décorez avec les framboises crues, le persil et le laurier.

Pour 2 ou 4 personnes suivant le poids

Perdreaux aux coings

2 perdreaux parés, vidés
2 noix de beurre
2 gousses d'ail entières
2 brins de persil
4 tranches de lard fumé, découennées
1 coing épluché, coupé en huit
jus de citron
1 verre de champagne
1/2 cuillère à café de maïzena
3 cuillères de crème fraîche
cresson pour décorer

Poivrez et salez modérément les perdreaux, intérieurement et extérieurement. Garnissez-les avec une noix de beurre, une gousse d'ail et un brin de persil. Ficelez et bardez avec le lard fumé en les fixant avec des piques-cocktails. Placez dans une cocotte et faites cuire 12 minutes au four (220°). Ajoutez le coing, arrosez de jus de citron et remettez 10 minutes au four.

Disposez les perdreaux sur un plat de service et réservez au chaud dans le four éteint. Posez la cocotte sur le feu et déglacez avec le champagne. Mélangez la maïzena à 1 cuillère de crème et incorporez au jus de cuisson. Ajoutez le reste de crème en tournant. Rectifiez l'assaisonnement et laissez cuire à feu doux 2 minutes.

Nappez les perdreaux, décorez de cresson et des quartiers de coing.

Pour 2 personnes

A GAUCHE : *lapin en sauce*
A DROITE : *perdreaux aux coings*

Fricassée de dinde

Fricassée de dinde

25 g de lard fumé découenné et haché
1 petit oignon haché
1 petite carotte râpée
1 branche de céleri hachée
15 cl de bouillon léger
1 bouquet garni
sel et poivre
15 cl de lait
15 g de beurre
2 cuillères à soupe de farine
muscade râpée
250 g de dinde cuite hachée
1 cuillère à soupe de crème fraîche
persil haché pour décorer

Mettez le lard, l'oignon, la carotte, le céleri, le bouillon, le bouquet garni dans une casserole, salez et poivrez, portez à ébullition, couvrez et laissez mijoter 15 minutes.

Passez le bouillon dans un verre mesureur et ajoutez le lait afin d'obtenir 30 cl de liquide.

Faites fondre le beurre dans une casserole, ajoutez la farine et laissez cuire 1 minute. Incorporez peu à peu le liquide, tout en remuant ; cela doit épaissir. Salez, poivrez et ajoutez la muscade.

Mettez les légumes (sans le bouquet garni) et la dinde dans cette sauce, couvrez et laissez mijoter 15 minutes. Retirez du feu et incorporez la crème.

Disposez sur un plat de service chaud, saupoudrez de persil et servez aussitôt.

Pour 2 personnes

Dinde à la colombienne

2 escalopes de dinde (250 g)
sel et poivre
25 g de beurre
2 cuillères d'huile d'olive
1 citron coupé en deux
SAUCE :
1 avocat épluché, coupé en dés
4 petits oignons frais en rondelles
1/2 poivron vert épépiné, en dés
3 gouttes de tabasco
15 cl de crème aigre
POUR DÉCORER :
1/2 poivron vert épépiné, en rondelles

Débitez les escalopes en quatre tranches fines. Disposez-les en couche entre deux feuilles de papier sulfurisé et aplatissez-les avec un rouleau à pâtisserie. Salez et poivrez abondamment. Chauffez le beurre et l'huile dans une poêle. Faites-y frire les tranches par paires 2 minutes de chaque côté. Remettez-les dans la poêle, diminuez le feu, arrosez du jus d'un demi-citron et réservez au chaud.

Pour la sauce, réduisez l'avocat en purée avec le jus de l'autre demi-citron. Mettez dans la poêle, ajoutez l'oignon, le poivron et le tabasco. Salez au goût et incorporez la crème.

Disposez les tranches de dinde dans un plat de service chaud. Nappez de sauce et décorez avec les rondelles de poivron.

Pour 4 personnes

Œufs brouillés aux foies

Cette préparation, servie avec un chablis bien frais, convient admirablement à un brunch.

6 œufs
2 cuillères de crème
sel et poivre
50 g de beurre
2 cartons de 250 g de foies de dinde, décongelés et coupés en quatre
8 feuilles de basilic ciselées

Travaillez à la fourchette dans un bol les œufs et la crème. Salez et poivrez au goût. Faites chauffer la moitié du beurre dans une petite poêle. Faites-y sauter vivement les foies qui devront être dorés, mais rester roses à l'intérieur. Mettez en veilleuse et couvrez.

Faites chauffer le reste du beurre dans un poêlon. Dès qu'il mousse, versez les œufs en remuant suffisamment pour qu'ils n'attachent pas. Faites glisser les œufs brouillés sur le plat de service chaud, recouvrez-les des foies et saupoudrez de basilic.

Pour 4 personnes

Poulet au miel

3 cuillères à soupe de miel
1 cuillère à café de moutarde
sel et poivre
2 cuillères à café de sauce soja
1 poulet de 1,5 kg
15 cl de bouillon de poule
15 cl de vin blanc
125 g de raisin blanc, coupé en deux
150 g de yaourt nature

Dans un bol, mélangez miel, moutarde, sel, poivre et sauce soja. Étalez ce mélange sur le poulet, posez-le sur un plat et mouillez avec le bouillon.

Faites rôtir au four (200°) 1 h à 1 h 15 en mouillant de temps à autre avec le jus. Découpez-le et réservez-le sur un plat de service au chaud.

Déglacez le plat avec le vin blanc et remuez. Amenez à ébullition, ajoutez le raisin et rectifiez l'assaisonnement. Incorporez le yaourt, versez la sauce sur le poulet au moment de servir.

Pour 4 personnes

Poussins sauce aux herbes

2 cuillères à soupe d'huile
4 poussins de 400 g
zeste râpé et jus de 1 citron
2 cuillères à soupe de bouillon de poule
sel et poivre
2 cuillères à soupe d'herbes (persil, ciboulette, thym et marjolaine)
15 cl de crème fraîche
cresson pour décorer

Dans une grande cocotte, faites chauffer l'huile et faites-y dorer les poussins sur tous les côtés. Ajoutez le zeste et le jus du citron, le bouillon, le sel et le poivre. Couvrez et laissez cuire à feu doux 20 à 25 minutes. Mettez-les sur un plat de service chaud et gardez au chaud.

Ajoutez les herbes et la crème au jus de la cocotte, rectifiez l'assaisonnement, versez cette sauce sur les poussins et garnissez-les de cresson au moment de servir.

Pour 4 personnes

Poulet au miel ; poussins sauce aux herbes

Poulet aux épices

50 g de beurre
2 gros oignons hachés
1 gousse d'ail écrasée
1 piment vert haché
1 morceau de gingembre de 2 cm pelé et finement râpé
1/2 cuillère à café de curcuma
1 pincée de cardomome
1/2 cuillère à café de coriandre
1/2 cuillère à café de cumin en poudre
sel
45 cl de yaourt
4 morceaux de poulet, sans la peau

Faites fondre le beurre dans une cocotte et faites revenir les oignons. Ajoutez l'ail, le piment, le gingembre, le curcuma, la cardamome, la coriandre, le cumin, le sel et laissez cuire 5 minutes tout en tournant. Incorporez le yaourt, puis ajoutez les morceaux de poulet et tournez-les dans la sauce. Couvrez et laissez cuire 1 h 30 au four (160°).

Pour 4 personnes

Chapon du boulanger

1 chapon (2 à 2,5 kg) avec ses abattis
50 g de beurre
4 brins de romarin
500 g d'oignons en rondelles épaisses
750 g de pommes de terre en rondelles épaisses
1/2 l de fond blanc

Retirez et hachez les abattis. Beurrez modérément l'intérieur du poulet et placez-y 2 brins de romarin. Ficelez.

Beurrez un plat à four avec la moitié du beurre restant. Placez le chapon au centre, les abattis à une extrémité, les oignons et les pommes de terre autour. Ajoutez le reste du romarin, salez et poivrez. Versez dans le plat les 3/4 du fond blanc, fragmentez le reste du beurre et répartissez-le sur le poulet. Mettez au four (180°) et laissez cuire 1 h 30 à 2 heures, suivant le poids du volatile. Ajoutez du fond blanc en cours de cuisson si nécessaire. Servez sur un plat de service chaud et accompagnez de carottes persillées et de haricots verts.

Pour 6 à 8 personnes

Poulet à l'orange

2 œufs battus
6 cuillères à soupe de jus d'orange
50 g de chapelure
1 cuillère à café de zeste d'orange râpé
1/2 cuillère à café de paprika
sel et poivre
6 morceaux de poulet
75 g de beurre fondu
quartiers d'orange et cresson pour décorer

Mélangez les œufs et le jus d'orange dans un plat creux. Mélangez la chapelure, le zeste d'orange, le paprika, salez et poivrez. Passez successivement les morceaux de poulet dans le mélange d'œuf, puis dans celui de chapelure.

Versez la moitié du beurre fondu dans une cocotte, disposez les morceaux de poulet dedans et versez dessus le reste de beurre fondu. Faites cuire 1 heure au four (190°), en tournant une fois en cours de cuisson.

Décorez avec des quartiers d'orange et des bouquets de cresson.

Pour 6 personnes

Poulet aux olives

4 morceaux de poulet, sans la peau
5 cuillères à soupe de vinaigre
4 tomates pelées, en morceaux
2 poivrons verts, épépinés et en morceaux
2 oignons émincés
1 gousse d'ail écrasée
1 cuillère à café d'origan haché
sel et poivre
1 cuillère à soupe d'huile d'olive
2 cuillères à soupe de concentré de tomates
80 g d'olives farcies
thym haché

Mettez le poulet dans un plat. Mélangez le vinaigre, les tomates, les poivrons verts, les oignons, l'ail, l'origan. Salez et poivrez à votre goût. Versez sur le poulet et laissez mariner 2 heures, en retournant le poulet une fois.

Faites chauffer l'huile dans une sauteuse. Égouttez le poulet, réservez la marinade. Jetez les morceaux de poulet dans la sauteuse et faites-les dorer sur toutes les faces. Versez la marinade accompagnée du concentré et des olives. Laissez mijoter doucement à couvert 1 heure. Goûtez et rectifiez l'assaisonnement. Saupoudrez de thym et servez chaud.

Pour 4 personnes

Poulet aux trois épices

1 poulet (1,5 à 2 kg)
2 gousses d'ail coupées en deux
sel
10 grains de poivre gris, concassés
2 cuillères d'huile d'arachide
1 cuillère à café de cumin
1 cuillère à café de curcuma
1 cuillère à café de paprika
1 cuillère de vin blanc ou de vinaigre

Garnissez l'intérieur du poulet avec l'ail, le sel et le poivre. Embrochez le volatile. Délayez dans l'huile les trois épices et 1/2 cuillère à café de sel. Travaillez le mélange pour obtenir une pâte homogène. Enduisez-en le poulet de la moitié et laissez-le s'en imprégner pendant 2 heures. Enclenchez la rôtissoire. Faites cuire 45 minutes à haute température, puis 15 minutes à température modérée. Mélangez les épices restant avec le vin ou le vinaigre, et arrosez-en fréquemment le poulet. Quand le mélange sera épuisé, arrosez avec le jus de cuisson.

Débrochez et attendez 2 minutes avant de découper. Servez sur un plat chaud. Accompagnez éventuellement de yaourt parfumé de menthe.

Pour 4 à 6 personnes

Curry de poulet

75 g de beurre
175 g de miel liquide
1 cuillère à café de curry
2 cuillères à soupe de moutarde
sel et poivre
8 blancs de poulet, sans la peau

Faites fondre le beurre dans une casserole et ajoutez le miel, le curry, la moutarde, salez et poivrez. Laissez cuire jusqu'à ce que le mélange soit homogène.

Disposez les blancs de poulet dans un plat à four et versez le contenu de la casserole dessus. Tournez les blancs afin qu'ils soient bien nappés.

Faites cuire 1 heure au four (190°), en tournant une fois en cours de cuisson.

Pour 4 personnes

A GAUCHE : *chapon du boulanger*
A DROITE : *poulet aux trois épices*

Poulet du Cachemire

125 g de beurre
3 gros oignons en rondelles fines
10 grains de poivre
10 gousses de cardamome
1 bâton de cannelle
5 cm de gingembre haché
2 gousses d'ail hachées
1 cuillère à café de piment en poudre
2 cuillères à café de paprika
sel
1,5 kg de morceaux de poulet, sans la peau
250 g de yaourt nature

Dans le beurre chaud d'une cocotte, faites revenir les oignons, le poivre, la cardamome, la cannelle ; quand les oignons sont transparents, ajoutez le gingembre, l'ail, le piment, le paprika, le sel, et laissez revenir 2 minutes, en tournant. Faites revenir le poulet ; quand il est doré, incorporez peu à peu le yaourt, couvrez et laissez cuire à feu doux 30 minutes.
Pour 6 personnes

Poulet minceur au melon

1 poulet (1,5 kg)
zestes en lanières et jus de 2 citrons verts
2 brins d'estragon frais ou 2 cuillères à café d'estragon séché
1/2 l de fond blanc bouillant
GARNITURE :
1 melon charentais en tranches
1/4 de salade frisée
quartiers de citron vert pelé

Ficelez le poulet. Versez dans une cocotte le jus, les zestes de citron vert, l'estragon et le fond blanc bouillant. Posez-y le poulet sur le ventre, laissez mijoter 1 h 30 à feu doux et couvert, en retournant à mi-cuisson. Découpez et placez au frais. Faites réduire le liquide de cuisson de moitié à feu vif et laissez refroidir.

Disposez les tranches de melon et les feuilles de frisée sur le plat de service. Posez le poulet par-dessus et nappez-le d'une partie de la sauce. Garnissez avec les quartiers de citron vert. Envoyez le reste de sauce à part.
Pour 4 personnes

Poussins persillade

75 g de beurre ramolli
zestes râpés et jus de 2 citrons
4 poussins
4 cuillères de persil ciselé
1 gousse d'ail écrasée
2 échalotes hachées fin
sel et poivre
4 cuillères de vin blanc sec
POUR DÉCORER :
brins de persil
rondelles de citron

Travaillez dans un bol le beurre, les zestes et le jus de citron. Enduisez-en les poussins intérieurement et extérieurement. Mélangez le persil, l'ail et l'échalote, et garnissez-en les poussins.

Saupoudrez les poussins de sel et de poivre, mettez-les dans un plat à four et arrosez-les avec le vin. Mettez au four (180°) et laissez cuire 30 minutes, en arrosant de temps en temps avec le jus de cuisson. Portez la température du four à 200° et faites dorer 10 minutes.

Disposez les poussins dans le plat de service chaud. Décorez avec le persil et le citron.
Pour 4 personnes

Poulet aux pois chiches

500 g de pois chiches
15 g de beurre
2 cuillères d'huile d'olive
1 poulet (1,5 kg)
1 dose de safran
1/4 de cuillère à café de cayenne
1 cuillère à café de harissa ou 1 cuillère de concentré de tomates
2 oignons coupés en quatre
zeste râpé et jus de 1 orange
1 cuillère d'eau de fleur d'oranger
30 cl de fond blanc
persil pour décorer

Faites tremper les pois chiches pendant 8 heures. Égouttez-les soigneusement. Chauffez l'huile et le beurre dans une cocotte. Faites dorer le poulet pendant 10 minutes. Ajoutez les pois chiches et les autres ingrédients, salez et poivrez. Couvrez et laissez mijoter 1 h 15. Ajoutez du fond blanc ou de l'eau en cours de cuisson si nécessaire, afin que les pois chiches restent couverts de liquide.

Disposez le tout dans un plat de service chaud et décorez avec le persil.

Pour 4 à 6 personnes

Poulet printanière

2 citrons verts
1 petit oignon en rondelles
1 poulet (1 à 1,5 kg)
25 g de raisins secs
2 cuillères d'huile d'olive
1 pincée de cayenne
1 cuillère à café de sel
POUR DÉCORER :
tranches de citron vert

Faites 8 incisions profondes dans un citron et introduisez les rondelles d'oignon. Garnissez l'intérieur du poulet avec ce citron et les raisins secs. Extrayez le jus du second citron, mélangez-le à l'huile, au cayenne et au sel. Badigeonnez-en le poulet et laissez reposer 1 heure.

Ficelez le volatile, placez-le dans un plat à four et faites rôtir 20 minutes par livre, en arrosant fréquemment. Retournez à mi-cuisson.

Servez arrosé de son jus sur un lit de nouilles passées dans du beurre. Décorez avec les tranches de citron

Pour 2 à 4 personnes

Poulet au pamplemousse

8 blancs de poulet, sans la peau
sel et poivre
25 g de beurre
1 cuillère à soupe d'huile
1 gros oignon en rondelles
1 cuillère à café de zeste de pamplemousse râpé
20 cl de jus de pamplemousse
3 cuillères à soupe de miel
quartiers de pamplemousse pour décorer

Passez les blancs de poulet dans le sel et le poivre. Faites chauffer l'huile et le beurre ; faites dorer les blancs de poulet, puis mettez-les dans une cocotte. Faites revenir l'oignon dans la poêle, puis disposez-le sur le poulet.

Mélangez le zeste et le jus de pamplemousse, le miel, salez, poivrez et nappez-en le poulet. Couvrez et faites cuire 1 h 15 à 1 h 30 au four (180°). Décorez avec des quartiers de pamplemousse au moment de servir.

Pour 4 personnes

A GAUCHE : *poulet minceur au melon*
A DROITE : *poulet printanière*

SALADES ET SAUCES

Les crudités, presque complètement ignorées de la gastronomie il y a encore peu de temps, ont gagné leurs lettres de noblesse dans la cuisine moderne. Offertes d'un bout de l'année à l'autre, simples ou composées, soigneusement disposées ou présentées dans un désordre étudié, servies avec une sauce ou en gelée, les salades font maintenant partie des menus, quelles que soient les circonstances.

Le choix ne se limite heureusement plus aux inévitables laitues, céleris, concombres, décorés avec quelques rondelles de tomate. Aujourd'hui, on fait appel à des légumes et à des fruits offrant une large palette de couleurs et de saveurs : épinards, betterave, radis, carottes, haricots de tous genres, choux-fleurs, poivrons multicolores, pommes, raisin, melon ; à des fruits exotiques comme les kiwis, pastèques et avocats ; à des spécialités d'outre-mer comme les pousses de bambou ou de soja, le boulgour. Certaines salades composées, comprenant notamment des œufs, du fromage, des noix, des champignons, du riz, des légumineuses, forment à elles seules le plat de résistance.

Si le choix des salades est grand, celui des sauces l'est encore davantage. Il s'étend de la vinaigrette classique aux mayonnaises aromatisées, des sauces piquantes et onctueuses à base de yaourt à celles d'inspiration chinoise à base de sauce soja. Ajoutez à leur variété en remplaçant l'huile d'arachide ou d'olive par celle de tournesol, de sésame, de noisette ou de noix, le vinaigre de vin classique par du vinaigre de cidre, de framboise, du jus de citron ou du vin blanc. Dans tous les cas, que la sauce soit courte, afin d'éviter de noyer votre salade.

Salade de haricots rouges

175 g de haricots rouges ayant trempé toute une nuit
sel
125 g de champignons de Paris émincés
6 cuillères à soupe de vinaigrette (page 93)
250 g de germes de soja
1 poivron rouge émincé
2 cuillères à soupe de graines de tournesol grillées
2 cuillères à soupe de persil haché

Égouttez les haricots, mettez-les dans une casserole et couvrez-les d'eau. Portez à ébullition, couvrez, laissez bouillir 10 minutes, puis frémir 45 minutes à 1 heure ; salez en fin de cuisson.

Égouttez les haricots et mélangez-les dans une jatte avec les champignons. Versez dessus la vinaigrette et tournez. Laissez refroidir.

Ajoutez et tournez le reste des ingrédients.

Pour 6 personnes

Salade de chou

250 g de chou blanc émincé
3 branches de céleri hachées
3 pommes rouges évidées et émincées
4 ciboules hachées
50 g de noix de cajou
2 cuillères à soupe de persil haché
15 cl de mayonnaise
2 cuillères à soupe de yaourt nature

Mettez dans une jatte le chou, le céleri, les pommes, les ciboules, les noix de cajou et le persil.

Mélangez la mayonnaise et le yaourt, puis versez dans la jatte et mélangez bien. Servez dans un saladier.

Pour 6 à 8 personnes

Aspic de légumes andalou

1 boîte de tomates
2 gousses d'ail pilées
15 cl d'eau
1 bouquet garni
1/2 cuillère à café de sucre
sel et poivre
1 cuillère à soupe de gélatine, mouillée de 4 cuillères à soupe d'eau froide
6 cuillères à soupe de vinaigrette (page 91)
SALADE :
4 tomates pelées, épépinées, en dés
1/4 de concombre, en dés
1/2 poivron vert épépiné, en dés
1/2 oignon haché

Mettez les tomates, avec leur jus, dans un récipient avec l'ail, l'eau et le bouquet garni. Ajoutez le sucre, le sel et le poivre. Portez lentement à ébullition, puis faites frémir 5 minutes. Jetez le bouquet garni.

Placez le mélange dans un mixeur avec la gélatine. Travaillez le tout 30 secondes à la vitesse maximum. Laissez refroidir.

Ajoutez 4 cuillères à soupe de vinaigrette et la moitié des ingrédients destinés à la salade ; remuez bien. Transférez dans un moule-couronne de 75 cl et laissez 3 heures environ au frais, jusqu'à ce que l'aspic soit pris.

Assaisonnez les légumes qui restent avec la vinaigrette. Démoulez l'aspic sur un plat et placez la salade au centre.

Pour 6 personnes

A GAUCHE : *aspic de légumes andalou*
A DROITE : *pissenlits au lard ; salade maraîchère ; épinards au roquefort*

Pissenlits au lard

125 g de pissenlits
2 œufs durs hachés
125 g de lard fumé, découenné et coupé en lardons
1 gousse d'ail pilée
2 cuillères à soupe de vinaigre de cidre
poivre

Parez les pissenlits, lavez-les et épongez-les. Mettez dans un saladier avec les œufs.

Faites revenir les lardons dans leur graisse jusqu'à ce qu'ils dorent, ajoutez l'ail et laissez cuire jusqu'à ce que le lard soit croustillant. Versez le tout sur la salade et remuez.

Mettez le vinaigre dans la poêle pour la déglacer. Versez sur la salade. Poivrez bien et remuez.

Pour 4 personnes

Salade maraîchère

250 g de romaine
4 cuillères à soupe d'huile d'olive
2 cuillères à café de sauce soja
1 cuillère à soupe de jus de citron
2 gousses d'ail pilées
sel et poivre
3 branches de céleri
1 boîte de maïs égoutté (200 g)
2 cuillères à soupe de persil haché

Ciselez la salade en fines lanières et mettez-la dans un récipient. Mélangez huile, sauce soja, jus de citron et ail ; salez et poivrez. Versez sur la salade. Remuez bien et laissez mariner 1 heure.

Émincez le céleri et ajoutez-le à la salade avec le maïs et le persil. Présentez dans un saladier.

Pour 6 personnes

Épinards au roquefort

250 g de jeunes épinards
50 g de cerneaux de noix, hachés gros
25 cl de sauce au roquefort (page 91)

Équeutez les épinards, lavez-les et épongez-les. Fragmentez-les, mettez-les dans un saladier avec les noix et la sauce, puis remuez bien avant de servir.

Pour 6 personnes

Frisée aux lardons

Frisée aux lardons

4 cuillères à soupe d'huile
3 tranches de pain, détaillées en croûtons
125 g de lard fumé, en tranches de 5 mm d'épaisseur
1/2 tête de chicorée frisée
6 cuillères à soupe de vinaigrette verte (page 93)
3 œufs durs émincés

Dans une poêle avec l'huile, faites dorer les croûtons, puis égouttez-les sur du papier absorbant.

Taillez le lard en lardons de 5 mm, mettez-les dans la poêle et laissez-les dorer.

Fragmentez la frisée et mettez-la dans un saladier. Assaisonnez avec la moitié de la sauce et remuez bien. Disposez les œufs en couronne sur la salade, en laissant une bordure de feuilles.

Disposez les croûtons au centre, agrémentés des lardons. Au moment de servir, nappez avec le reste de sauce.

Pour 4 à 6 personnes

Salade de céleri

500 g de céleri-rave
6 cuillères à soupe de vinaigrette (page 91)
2 œufs durs
1 cuillère à soupe de persil haché

Râpez fin le céleri et mettez-le dans une jatte. Mélangez-le avec la vinaigrette et laissez reposer 1 heure.

Coupez fin le blanc d'œuf et mélangez-le avec le céleri. Disposez dans un plat et saupoudrez des jaunes d'œufs écrasés et de persil.

Pour 4 personnes

Salade d'endives

3 endives
2 oranges
1 botte de cresson épluchée
25 g de graines de sésame grillées
4 cuillères à soupe d'huile d'olive
1 cuillère à soupe de jus de citron
sel et poivre

Émincez les endives dans un saladier. Pelez les oranges et séparez-les en quartiers au-dessus du saladier pour ne pas perdre de jus.

Ajoutez le cresson et les graines de sésame, et tournez.

Fouettez ensemble l'huile, le jus de citron, salez, poivrez, versez dans le saladier et tournez.

Pour 4 à 6 personnes

Salade de blé

250 g de blé complet, ayant trempé toute une nuit
sel
6 cuillères à soupe de sauce soja (page 91)
1 poivron rouge haché
50 g de raisins secs
2 branches de céleri hachées
2 cuillères à soupe de persil haché

Égouttez le blé, mettez-le dans une casserole, couvrez-le d'eau légèrement salée, portez à ébullition et laissez frémir 1 h à 1 h 30 ; égouttez-le bien. Mélangez-le avec la sauce et laissez refroidir.

Incorporez le reste des ingrédients et servez dans un plat creux.

Pour 4 à 6 personnes

Salade de riz complet aux noisettes

175 g de riz complet
sel
75 g de noisettes hachées et grillées
1 poivron rouge haché
6 ciboules hachées
3 branches de céleri hachées
50 g de petits champignons de Paris émincés
6 cuillères à soupe de vinaigrette (page 91)
3 cuillères à soupe de persil haché

Faites cuire le riz à l'eau bouillante salée 30 à 40 minutes. Rincez-le et égouttez-le.

Mélangez-le dans une jatte avec le reste des ingrédients. Servez dans un plat creux.

Pour 6 à 8 personnes

Salade de boulgour

75 g de boulgour
50 g d'olives noires dénoyautées
4 tomates pelées et hachées
1 branche de céleri hachée
4 ciboules hachées
2 cuillères à soupe de persil haché
2 cuillères à soupe de graines de tournesol grillées
3 cuillères à soupe de vinaigrette (page 91)

Faites tremper le boulgour 1 heure dans de l'eau froide. Mettez-le dans une mousseline et pressez pour retirez le maximum d'eau.

Mélangez-le dans un plat creux avec les olives coupées en deux et le reste des ingrédients.

Pour 4 personnes

Salade de riz complet aux noisettes ; salade de boulgour ; salade de blé

Salade de carottes marocaine

Salade de carottes marocaine

350 g de carottes grattées
175 g de navets pelés
50 g de raisins secs de Malaga
2 cuillères à soupe de graines de sésame grillées
2 cuillères à soupe de ciboulette hachée
4 cuillères à soupe de sauce mixte (page 91)

Râpez fin les carottes et les navets et mettez-les dans un saladier. Ajoutez les autres ingrédients, assaisonnez et tournez bien la salade.

Pour 4 à 6 personnes

Salade de topinambours

Il vaut mieux gratter les topinambours que les éplucher, pour leur conserver saveur et valeur nutritive.

500 g de topinambours grattés
sel et poivre
3 cuillères à soupe d'huile d'olive
2 cuillères à café de jus de citron
1 cuillère à soupe de persil haché
2 cuillères à soupe de cerneaux de noix hachés, pour servir

Détaillez les topinambours en morceaux de même grosseur et mettez-les dans un fait-tout d'eau salée. Portez à ébullition. couvrez et laissez frémir 12 à 15 minutes, jusqu'à ce qu'ils soient tendres. Égouttez-les et laissez-les refroidir dans un saladier.

Mélangez tous les autres ingrédients, sauf les noix ; salez et poivrez. Versez sur les topinambours et remuez bien. Présentez dans un plat de service et répartissez les noix au moment de servir.

Pour 4 à 6 personnes

Carottes râpées

Pour la parfumer davantage, ajoutez à cette salade une échalote ou un oignon haché menu.

750 g de carottes
2 cuillères à soupe de persil haché
5 cuillères à soupe de vinaigrette (page 91)

Grattez les carottes, râpez-les fin et mettez-les dans un saladier avec le persil.

Assaisonnez-les et remuez bien.

Transférez sur un plat de service et, selon le goût, mettez au frais avant de servir.

Pour 4 à 6 personnes

VARIANTE : en saison, remplacez les carottes par des navets nouveaux. Relevez la vinaigrette en y ajoutant 1 cuillère à soupe de moutarde de Meaux.

Graines germées

Frais et croquants, les germes de légumineuses et de céréales complètent agréablement les salades. Les graines de soja sont celles qu'il est le plus facile de faire germer chez soi. Lavez-les, versez-en deux cuillères à soupe dans un bocal de verre à large col, remplissez d'eau tiède et laissez tremper toute une nuit ; jetez l'eau, fermez le bocal avec un morceau de mousseline assujetti avec un élastique, retournez-le et laissez égoutter dans un endroit chaud. Matin et soir pendant environ 4 jours, jusqu'à ce que les germes aient atteint 4,5 cm, rincez à l'eau tiède et égouttez comme précédemment.

Pommes de terre moutarde

500 g de petites pommes de terre nouvelles
sel
2 cuillères à soupe de moutarde de Meaux
15 cl de crème fraîche

Faites cuire les pommes de terre, dans leur peau, à l'eau bouillante salée. Égouttez et laissez refroidir dans un saladier. Coupez-les en deux, si besoin est. Incorporez la moutarde à la crème, versez sur la salade et tournez. Présentez dans un plat de service.
Pour 4 personnes

Salade de pommes de terre tiède

500 g de pommes de terre nouvelles
sel
3 cuillères à soupe de vinaigrette (page 91)
3 cuillères à soupe de cerfeuil haché

Faites cuire les pommes de terre, dans leur peau, à l'eau bouillante salée. Égouttez-les et ajoutez immédiatement la sauce et le cerfeuil ; mélangez. Transférez la salade tiède dans un plat et servez sans attendre.
Pour 4 personnes

Pommes de terre mayonnaise

750 g de pommes de terre nouvelles grattées
sel
2 cuillères à soupe de vinaigrette (page 91)
1-2 cuillères à soupe de ciboulette hachée
4 cuillères à soupe de mayonnaise (page 93)
2 cuillères à soupe de yaourt nature

Faites cuire les pommes de terre à l'eau bouillante salée. Égouttez-les bien, coupez-les en quartiers et mettez-les dans une jatte. Tandis qu'elles sont chaudes, assaisonnez-les avec la vinaigrette et l'herbe, en gardant un peu de ciboulette pour décorer, et remuez bien.

Mettez dans un plat de service et laissez refroidir.

Mélangez la mayonnaise et le yaourt. Nappez-en la salade et répartissez le reste de ciboulette dessus.
Pour 6 personnes

Pommes de terre moutarde ; salade de pommes de terre tiède ; pommes de terre mayonnaise

Salade bulgare

350 g de betterave rouge
2 cornichons malossol
2 cuillères à soupe de vinaigre de vin
4 cuillères à soupe de yaourt nature
sel et poivre
1 cuillère à soupe d'aneth ou de fenouil haché

Détaillez les légumes en dés de 1 cm et mettez-les dans un saladier.

Mélangez le vinaigre, le yaourt, du sel et du poivre. Nappez-en la salade et remuez bien.

Transférez sur un plat de service et parsemez d'herbe hachée.

Pour 4 personnes

VARIANTE : pour obtenir une salade plus copieuse, ajoutez 500 g de pommes de terre cuites et coupées en dés. Utilisez alors 3 cuillères à soupe de vinaigre et 8 cuillères à soupe de yaourt.

Céleri rémoulade

500 g de céleri-rave épluché
3 cuillères à soupe de moutarde
3 cuillères à soupe de mayonnaise (page 93)
2 cuillères à soupe de crème fraîche
1 cuillère à soupe de jus de citron
1 cuillère à soupe de persil haché

Coupez le céleri-rave en julienne, ou râpez-le, et blanchissez-le 2 minutes à l'eau bouillante. Égouttez et laissez refroidir.

Mélangez moutarde, mayonnaise, crème et jus de citron. Assaisonnez le céleri avec cette sauce et remuez. Présentez dans un plat de service, décoré de persil haché.

Pour 4 personnes

CI-DESSUS : *salade bulgare ; céleri rémoulade*
A DROITE : *champignons sauce à l'ail ; tomates-cerises en sauce ; chou-fleur mimosa ; pois gourmands en salade*

Champignons sauce à l'ail

500 g de champignons de Paris
12 cl de vinaigrette (page 93)
125 g de lard fumé, découenné et coupé en lardons
3 cuillères à soupe de persil haché

Ôtez les pieds des champignons, lavez-les et essuyez-les. Mettez dans une jatte avec la vinaigrette et remuez bien. Laissez reposer plusieurs heures, en tournant de temps en temps, ou une nuit entière si possible.

Faites revenir le lard dans sa graisse. Ajoutez aux champignons avec le persil. Remuez bien et transférez dans un ravier.

Pour 4 à 6 personnes

Tomates-cerises en sauce

500 g de tomates-cerises pelées
15 cl de sauce à l'avocat (page 93)
1 cuillère à soupe de persil haché

Disposez les tomates dans un ravier. Nappez-les de sauce et parsemez le tout de persil.

Pour 4 personnes

Chou-fleur mimosa

1 petit chou-fleur divisé en bouquets
sel
3 œufs durs hachés
15 cl de sauce roquefort (page 93)
1 cuillère à soupe de ciboulette hachée

Blanchissez le chou-fleur 2 à 3 minutes à l'eau bouillante salée ; égouttez-le et laissez refroidir complètement.

Mettez-le dans une jatte avec les œufs et la sauce, et mélangez bien. Présentez la salade dans un ravier, garnie de ciboulette.

Pour 6 personnes

Pois gourmands en salade

250 g de pois mange-tout
1 poivron rouge épépiné et émincé
1 cuillère à soupe de graines de sésame grillées
4 cuillères à soupe de vinaigrette (page 91)

Effilez les pois et, s'ils sont gros, coupez-les en deux. Mettez dans une jatte avec les autres ingrédients et remuez bien.

Transférez dans un ravier.

Pour 4 personnes

Salade de chou-fleur

250 g de chou-fleur divisé en bouquets
sel
125 g de champignons de Paris
1 gros avocat émincé
50 g d'amandes effilées grillées
SAUCE :
4 cuillères à soupe de mayonnaise (page 93)
4 cuillères à soupe de crème fraîche
1 cuillère à café de jus de citron
1 gousse d'ail pilée
paprika
1 cuillère à soupe de ciboulette hachée

Blanchissez le chou-fleur 2 minutes à l'eau bouillante salée ; égouttez et laissez refroidir complètement. Lavez et émincez les champignons, ajoutez-les au chou-fleur avec l'avocat et les amandes.

Mélangez les ingrédients de la sauce, salez et relevez avec du paprika selon votre goût. Assaisonnez les légumes et remuez bien. Présentez dans un plat, parsemé de ciboulette.

Pour 6 à 8 personnes

Salade ardéchoise

125 g de haricots rouges mis à tremper une nuit
125 g de haricots blancs mis à tremper une nuit
sel
125 g de haricots verts
125 g de fèves écossées
6 cuillères à soupe de vinaigrette (page 91)
2 cuillères à soupe de persil haché

Égouttez les haricots. Faites-les cuire séparément 1 h à 1 h 30. Salez en fin de cuisson. Égouttez et mettez dans un plat creux.

Détaillez les haricots verts en tronçons de 2 cm de long. Faites-les cuire avec les fèves 7 à 8 minutes dans de l'eau bouillante salée. Égouttez et ajoutez au contenu du plat. Versez la sauce sur les ingrédients chauds, mélangez et laissez refroidir. Garnissez de persil. Transférez dans un plat de service.

Pour 8 personnes

Salade de fenouil citronnée

2 bulbes de fenouil
3 cuillères à soupe de persil haché
2 cuillères à soupe de jus de citron
2 cuillères à soupe d'huile d'olive
sel et poivre

Coupez les tiges, la base et les feuilles dures du fenouil. Partagez les bulbes en deux, puis coupez-les en fins bâtonnets. Mettez dans un saladier avec les autres ingrédients ; salez et poivrez. Remuez bien, puis laissez mariner 1 heure. Remuez à nouveau au moment de servir.

Pour 4 personnes

Salade pommes et noix

2 pommes évidées, coupées en dés
2 cuillères à café de jus de citron
2 branches de céleri hachées
25 g de cacahuètes salées
25 g de noix hachées
3 cuillères à soupe de mayonnaise (page 93)
quelques feuilles de laitue
paprika pour décorer

Mettez les pommes dans une jatte, versez dessus le jus de citron et mélangez bien. Ajoutez le reste des ingrédients, sauf la laitue ; mélangez bien.

Disposez les feuilles de laitue sur deux plats individuels et répartissez dessus la salade. Saupoudrez de paprika et servez.

Pour 2 personnes

Salade forestière

250 g de champignons de Paris
4 ciboules hachées
6 cuillères à soupe de vinaigrette (page 93)

Coupez les pieds des champignons, lavez-les et essuyez-les, puis émincez-les en fines lamelles ; mettez dans un saladier avec la ciboule. Versez la vinaigrette et mélangez bien. Laissez reposer 30 minutes, en remuant la salade de temps en temps.
Pour 4 personnes

Haricots verts au lard

250 g de haricots verts préparés
sel
75 g de lard découenné et coupé en lardons
2 cuillères à soupe de vinaigrette (page 93)
quelques feuilles de trévisette

Mettez les haricots dans une casserole d'eau bouillante salée et laissez frémir 8 minutes. Égouttez et laissez refroidir.

Faites revenir le lard dans sa graisse jusqu'à ce qu'il soit croustillant. Mettez dans un saladier avec les haricots, ajoutez la vinaigrette et remuez.

Disposez la trévisette sur un plat de service et dressez la salade au centre.
Pour 4 personnes
VARIANTE : remplacez les lardons par 50 g d'anchois en conserve, égouttés, chaque filet détaillé en trois morceaux.

Salade de pastèques

1 kg de pastèque coupée en dés
1 cuillère à soupe de persil haché
1 oignon d'Espagne coupé en rondelles
3 cuillères à soupe de vinaigrette au citron (page 93)

Mettez la pastèque dans une jatte avec le persil.

Mélangez l'oignon et la vinaigrette à part et laissez reposer 1 heure en tournant de temps en temps.

Assaisonnez la pastèque avec la sauce. Présentez dans un plat.
Pour 4 à 6 personnes

CI-DESSUS : *salade de chou-fleur*
A DROITE : *salade forestière ; haricots verts au lard ; salade de pastèques*

Salade de concombre à la suédoise

1 concombre
sel
SAUCE :
2 cuillères à soupe d'huile
2 cuillères à soupe d'aneth ou de fenouil haché
4 cuillères à soupe de vinaigre de vin blanc

Coupez le concombre en fines rondelles et mettez dans une passoire. Saupoudrez généreusement de sel et laissez dégorger 30 minutes.

Entre-temps, mélangez les ingrédients de la sauce dans un bocal qui ferme hermétiquement. Secouez et laissez en attente 30 minutes.

Épongez bien le concombre avec du papier absorbant. Disposez-le dans un plat et nappez de sauce.

Pour 4 à 6 personnes

Salade Waldorf

15 cl de mayonnaise (page 93)
2 cuillères à soupe de yaourt nature
3 pommes évidées et coupées en dés
4 branches de céleri hachées
25 g de cerneaux de noix émiettés
1 cuillère à soupe de persil haché

Dans un saladier, mélangez la mayonnaise et le yaourt. Ajoutez les pommes, le céleri et les noix ; remuez pour bien les enrober de sauce.

Disposez la salade sur un plat et parsemez de persil.

Pour 6 à 8 personnes

CI-DESSUS : *salade de concombre à la suédoise ; salade Waldorf*
A DROITE : *salade de la ferme ; salade des îles grecques ; salade italienne*

Salade de la ferme

350 g de fromage blanc de campagne bien égoutté
3 tomates pelées, épépinées et concassées
1/4 de concombre, en dés
sel et poivre
feuilles de chicorée frisée

Mettez fromage, tomates et concombre dans un saladier et mélangez bien le tout ; salez et poivrez selon le goût.

Disposez la frisée dans quatre raviers et mettez la salade au centre. Servez avec du pain de campagne.

Pour 4 personnes

Salade des îles grecques

6 tomates coupées en quartiers
1/2 concombre, en dés
1 petit oignon émincé
1 petit poivron vert épépiné et coupé
3 cuillères à soupe d'huile d'olive
1 cuillère à soupe de vinaigre de vin
sel et poivre
175 g de feta, en cubes
125 g d'olives noires
1 cuillère à café d'origan séché

Mettez tous les légumes dans un saladier et mélangez. Versez l'huile et le vinaigre, salez, poivrez et remuez bien.

Transférez dans un plat. Répartissez le fromage et les olives sur la salade et parsemez d'origan.

Pour 4 personnes

NOTE : la feta est un fromage à base de lait de brebis, vendu dans les épiceries grecques.

Salade italienne

500 g de tomates, en fines rondelles
sel et poivre
250 g de mozzarella, en tranches
3 cuillères à soupe d'huile d'olive
4 cuillères à soupe de persil haché

Disposez les tomates dans un plat de service, en salant et poivrant entre chaque couche. Placez la mozzarella dessus, une tranche chevauchant la précédente. Arrosez d'huile et parsemez de persil.

Servez avec une salade verte et, éventuellement, du salami et du pain bis.

Pour 4 personnes

Taboulé

75 g de boulgour
1 tasse de persil haché
3 cuillères à soupe de menthe hachée
4 ciboules hachées
1/2 concombre en petits dés
2 cuillères à soupe d'huile d'olive
le jus de 1 citron
sel et poivre

Faites tremper le boulgour 1 heure dans de l'eau froide. Mettez-le dans une mousseline et pressez pour retirer le maximum d'eau.

Mettez-le dans une jatte, ajoutez le reste des ingrédients et mélangez bien avant de servir dans un plat creux.

Pour 4 personnes

Salade de haricots

250 g de haricots adukis ayant trempé toute une nuit
sel et poivre
6 cuillères à soupe de vinaigrette au gingembre (page 91)
6 ciboules hachées
4 tomates pelées et hachées
3 branches de céleri hachées
2 cuillères à soupe de persil haché

Égouttez les haricots et plongez-les 10 minutes dans de l'eau bouillante salée. Couvrez et laissez cuire 30 à 35 minutes. Égouttez-les et mélangez-les avec la sauce pendant qu'ils sont chauds. Laissez refroidir.

Ajoutez le reste des ingrédients, tournez bien avant de servir dans un plat creux.

Pour 6 personnes

NOTE : si vous ne trouvez pas d'adukis remplacez-les par des haricots rouges.

Salade de kasha

75 g de kasha grillé
sel
4 cuillères à soupe de vinaigrette au gingembre (page 91)
200 g de maïs en grains, égoutté
1 poivron vert haché
3 tomates pelées et hachées
2 cuillères à soupe de persil haché
25 g de graines de tournesol grillées

Plongez le kasha dans une casserole d'eau bouillante salée, couvrez et laissez frémir 15 minutes. Égouttez, puis mélangez dans une jatte avec la sauce.

Ajoutez le reste des ingrédients et mélangez bien. Servez dans un plat creux.

Pour 4 personnes

Salade de tomates au yaourt

300 g de yaourt nature
2 cuillères à soupe de basilic haché
sel et poivre
500 g de tomates pelées et coupés en quartiers

Mélangez dans une jatte le yaourt, le basilic, salez, poivrez. Ajoutez et mélangez les tomates, puis disposez le tout dans un plat creux.

Laissez environ 30 minutes au frais avant de servir.

Pour 4 à 6 personnes

VARIANTE : vous pouvez remplacer le basilic par 1 cuillère à soupe de coriandre hachée.

Salade verte et rouge

250 g de laitue émincée
4 cuillères à soupe de vinaigrette soja (page 91)
3 branches de céleri hachées
4 ciboules hachées
1 poivron rouge en dés

Faites mariner la salade avec la vinaigrette dans un saladier 1 heure. Ajoutez et mélangez le reste des ingrédients.

Pour 4 à 6 personnes

Topinambours vinaigrette

500 g de topinambours
4 cuillères à soupe de vinaigrette (page 91)
1 cuillères à soupe de persil haché
1 cuillère à soupe de graines de citrouille
1 cuillère à café de jus de citron

Râpez grossièrement les topinambours et mélangez-les dans une jatte avec le reste des ingrédients. Laissez ainsi 1 heure. Servez dans un plat creux.

Pour 4 à 6 personnes

A GAUCHE : *taboulé ; salade de haricots ; salade de kasha*
CI-DESSUS : *salade verte et rouge ; topinambours vinaigrette ; salade de tomates au yaourt*

Salade de flageolets

250 g de flageolets mis à tremper une nuit
sel
6 cuillères à soupe de vinaigrette à l'ail (page 91)
50 g de salami coupé en carrés de 5 mm
4 ciboules émincées

Égouttez les haricots et faites-les cuire, à couvert, 1 h 15 à 1 h 30 en salant un peu en fin de cuisson. Égouttez-les bien et mettez-les dans un saladier. Versez la sauce et remuez pendant qu'ils sont chauds. Laissez refroidir.

Ajoutez salami et ciboule aux flageolets. Remuez bien pour servir.

Pour 4 à 6 personnes

Avocat aux deux salades

1/2 tête de chicorée frisée
1 botte de cresson
2 avocats coupés en deux et dénoyautés
6 cuillères à soupe de vinaigrette (page 91)

Divisez la chicorée en la fragmentant et séparez les brins de cresson ; mettez dans un saladier.

Pelez les avocats et émincez-les dans un grand bol. Assaisonnez-les avec la sauce et remuez pour bien les enrober. Ajoutez aux deux salades et tournez.

Pour 6 personnes

Asperges Ile-de-France

500 g d'asperges
sel
4 cuillères à soupe de vinaigrette à l'ail (page 91)
1 œuf dur
1 cuillère à soupe de persil haché

Épluchez les asperges et coupez-les à la même longueur, ficelez-les en botte, mettez-les debout dans un fait-tout d'eau bouillante salée. Couvrez de papier d'aluminium, que vous bomberez au-dessus des pointes afin qu'elles cuisent dans la vapeur. Comptez 15 minutes de cuisson pour les petites asperges, 30 minutes maximum pour les grosses. Égouttez bien, tranférez sur un plat et laissez refroidir.

Versez la sauce sur les asperges. Hachez le blanc d'œuf et répartissez-le dessus. Pilez le jaune au tamis au-dessus du plat et parsemez de persil.

Pour 4 personnes

Salade de riz Malaka

75 g d'abricots secs hachés
125 g de riz complet
sel
1 cuillère à soupe d'huile de maïs
50 g d'amandes effilées
1 cuillère à café de muscade râpée
3 branches de céleri en dés
4 ciboules émincées
1 cuillère à soupe de coriandre hachée
4 cuillères à soupe de vinaigrette à l'ail (page 91)

Couvrez les abricots d'eau bouillante, laissez gonfler 1 heure, puis égouttez.

Mettez le riz dans une casserole d'eau bouillante salée et laissez frémir 35 à 40 minutes, jusqu'à ce que les grains soient tendres. Rincez bien, égouttez et laissez refroidir légèrement.

Dans une poêle avec l'huile chaude, faites dorer les amandes, ajoutez la muscade et faites revenir quelques secondes encore.

Placez le riz tiède dans un saladier avec les abricots et le contenu de la poêle. Mélangez avec le céleri, la ciboule et la coriandre, puis versez la vinaigrette. Remuez bien au moment de servir.

Pour 4 personnes

CI-DESSUS : *salade de flageolets*
A DROITE : *salade paysanne ; salade de pois chiches ; salade de Louisiane*

Salade paysanne

175 g de haricots noirs mis à tremper une nuit
sel
6 cuillères à soupe de vinaigrette à l'ail (page 91)
75 g de lard fumé, coupé en lardons
1 poivron rouge épépiné et émincé
3 branches de céleri émincées

Égouttez les haricots et faites-les cuire, à couvert, 1 h 30 à 2 heures, en salant un peu vers la fin de la cuisson.

Égouttez bien les haricots. Mettez-les dans un saladier avec la vinaigrette et remuez pendant qu'ils sont encore chauds.

Faites revenir le lard dans sa graisse ; quand il est croustillant, ajoutez-le à la salade et laissez refroidir.

Mettez poivron et céleri, remuez et transférez dans un plat de service.

Pour 6 à 8 personnes

Salade de pois chiches

250 g de pois chiches mis à tremper une nuit
sel
4 cuillères à soupe de vinaigrette au gingembre (page 91)
1 oignon émincé
1 poivron rouge épépiné haché
2 cuillères à soupe de persil haché

Égouttez les pois chiches et faites-les cuire 1 h 30 à 2 heures, en salant un peu en fin de cuisson.

Égouttez les pois et mettez dans un saladier. Versez la sauce dessus et remuez bien pendant qu'ils sont encore chauds. Laissez refroidir.

Ajoutez les autres ingrédients, remuez avant de servir.

Pour 6 personnes

Salade de Louisiane

175 g de cornilles mis à tremper une nuit
sel
125 g de champignons de Paris lavés et émincés
4 cuillères à soupe de vinaigrette (page 91)
1 petit poivron rouge épépiné et émincé
2 cuillères à soupe de persil haché

Égouttez les haricots et faites-les cuire à couvert 40 à 45 minutes, en salant un peu en fin de cuisson.

Égouttez-les bien et mettez-les dans un plat creux avec les champignons. Versez la vinaigrette et remuez bien les haricots pendant qu'ils sont chauds. Laissez refroidir.

Ajoutez le poivron et le persil, mélangez le tout et transférez dans un saladier.

Pour 6 personnes

Salade aux œufs

Salade aux œufs

500 g de pommes de terre fermes
sel
2 cuillères à soupe de vinaigrette à l'ail (page 91)
4 ciboules hachées
4 œufs durs hachés
2 cornichons hachés
3 cuillères à soupe de mayonnaise
3 cuillères à soupe de yaourt nature
brins de fenouil hachés pour décorer

Faites cuire les pommes de terre dans leur peau à l'eau bouillante salée. Quand elles sont tendres, épluchez-les, coupez-les et mettez-les dans une jatte. Incorporez la vinaigrette et laissez refroidir. Ajoutez les ciboules, les œufs et les cornichons.

Mélangez la mayonnaise et le yaourt, incorporez à la salade. Disposez dans un plat creux et décorez avec le fenouil.

Pour 4 personnes

VARIANTE : remplacez les œufs durs par 125 g de betteraves rouges en dés.

Peperonata

2 gros poivrons rouges
2 gros poivrons verts
4 cuillères à soupe d'huile d'olive
1 oignon émincé
2 gousses d'ail pilées
4 tomates pelées, épépinées et concassées
sel et poivre

Coupez les poivrons en deux, ôtez le cœur et les graines, puis émincez-les. Dans une poêle avec l'huile chaude, faites fondre l'oignon 5 minutes. Ajoutez l'ail et les poivrons, couvrez et laissez 10 à 15 minutes à feu doux, en remuant de temps en temps.

Mettez les tomates ; salez et poivrez. Faites cuire 10 minutes encore, en remuant de temps en temps. Laissez refroidir avant de servir.

Pour 6 personnes

Aubergines en salade

2 aubergines
sel et poivre
4 cuillères à soupe d'huile d'olive
1 oignon haché
2 gousses d'ail hachées menu
4 tomates pelées, épépinées et hachées
2 cuillères à soupe de persil haché
1 cuillère à soupe de jus de citron
feuilles de laitue

Coupez les aubergines en dés de 1 cm. Couvrez-les de sel et laissez dégorger 30 minutes. Rincez et séchez.

Dans une poêle avec l'huile chaude, faites dorer l'oignon et les aubergines 10 à 15 minutes en remuant de temps en temps. Ajoutez l'ail et les tomates et faites revenir 2 à 3 minutes.

Laissez refroidir, puis assaisonnez avec persil, jus de citron et poivre. Disposez la laitue dans un saladier et mettez les légumes au centre.

Pour 4 à 6 personnes

Ratatouille rafraîchie

6 cuillères à soupe d'huile d'olive
1 petite aubergine émincée
250 g de courgettes émincées
1 poivron vert paré et émincé
2 gousses d'ail pilées
sel et poivre
4 tomates pelées, épépinées et émincées

Chauffez la moitié de l'huile dans une poêle et faites blondir l'aubergine des deux côtés, en ajoutant de l'huile, si besoin est. Mettez dans un saladier.

Dans le reste d'huile, faites revenir les courgettes et le poivron 8 à 10 minutes, en remuant de temps en temps, jusqu'à ce qu'ils soient tendres. Ajoutez l'ail, du sel et du poivre, et laissez cuire 2 minutes encore. Mettez les tomates et remuez bien. Servez rafraîchi.

Pour 4 à 6 personnes

Salade de pommes de terre

500 g de pommes de terre nouvelles
sel
3 cuillères à soupe de vinaigrette à l'ail (page 91)
3 cuillères à soupe de menthe hachée
1 botte de radis coupés en rondelles

Faites cuire les pommes de terre dans leur peau à l'eau bouillante salée. Quand elles sont tendres, épluchez-les et mélangez-les avec la vinaigrette, puis laissez refroidir.

Ajoutez la menthe, les radis et mélangez bien. Servez dans un saladier.

Pour 4 personnes

VARIANTE : remplacez la menthe et les radis par 6 ciboules hachées.

Salade de pommes de terre

Vinaigrette à l'ail

15 cl d'huile d'arachide
4 cuillères à soupe de vinaigre de vin
1 cuillère à café de moutarde
1-4 gousses d'ail pilées
sel et poivre

Mettez tous les ingrédients dans un bocal fermant hermétiquement ; salez et poivrez selon le goût. Agitez pour mélanger.

Pour 25 cl

Vinaigrette à la moutarde de Meaux : ajoutez 2 cuillères à soupe de moutarde de Meaux.

Sauce mixte

4 cuillères à soupe de jus de citron
2 cuillères à soupe d'huile d'arachide
2 cuillères à soupe d'huile d'olive
sel et poivre

Mettez tous les ingrédients dans un bocal fermant hermétiquement. Secouez pour mélanger au moment de l'emploi.

Pour 15 cl

Sauce au roquefort

50 g de roquefort
15 cl de crème fraîche
1 cuillère à soupe de ciboulette hachée
sel et poivre

Écrasez le fromage et incorporez la crème afin d'obtenir une préparation onctueuse. Ajoutez la ciboulette ; salez et poivrez. Conservez au frais.

Pour 25 cl

Vinaigrette à la sauce soja

15 cl d'huile de tournesol
4 cuillères à soupe de sauce soja
2 cuillères à soupe de jus de citron
1 gousse d'ail pilée
sel et poivre

Mettez tous les ingrédients dans un bocal fermant hermétiquement. Secouez pour mélanger.

Pour 30 cl

Vinaigrette au gingembre : ajoutez une pincée de gingembre en poudre, ou un morceau de gingembre de 2 cm, pelé et haché menu.

Vinaigrette pimentée : ajoutez un piment vert épépiné et haché menu.

Sauce à la crème et au citron

15 cl de crème fraîche
1 cuillère à soupe de jus de citron
1 gousse d'ail pilée
1 cuillère à soupe de yaourt goût « bulgare »
sel et poivre

Mettez tous les ingrédients dans grand bol ; salez et poivrez. Mélangez à la fourchette.
Pour 15 cl environ

Sauce à l'avocat : mettez un avocat pelé et coupé en morceaux dans un mixeur, avec 5 cuillères à soupe de crème fraîche et 1 cuillère à café de sauce Worcestershire. Travaillez le tout pour obtenir une préparation homogène, que vous mélangerez à la sauce à la crème et au citron.
Pour 35 cl

Mayonnaise rapide

1 œuf
1/2 cuillère à café de sel
1/2 cuillère à café de poivre
1 cuillère à café de moutarde
2 cuillères à café de vinaigre de vin
30 cl d'huile (ou un mélange égal d'huile d'olive et d'huile de tournesol)

Placez dans un mixeur l'œuf, les assaisonnements et le vinaigre, et travaillez le tout quelques secondes à vitesse moyenne. Ajoutez alors l'huile goutte à goutte, puis en filet mince à mesure que la mayonnaise monte.

Conservez 10 jours maximum au réfrigérateur.
Pour 30 cl environ

Mayonnaise rose : pelez, épépinez et hachez 2 tomates. Mettez-les dans un mixeur avec 1 gousse d'ail pilée, 1/2 cuillère à café de concentré de tomates. Travaillez le tout 30 secondes à vitesse maximum, puis incorporez à la mayonnaise.

Mayonnaise classique : remplacez l'œuf par 2 jaunes d'œufs. Battez-les avec les assaisonnements dans un bol. Ajoutez l'huile goutte à goutte, en tournant constamment. Quand la mayonnaise prend, versez l'huile en filet mince. Incorporez le vinaigre.

Sauce à l'avocat ; sauce aux herbes ; mayonnaise rapide

Vinaigrette verte

15 cl d'huile d'olive
4 cuillères à soupe de vinaigre de vin
1 gousse d'ail pilée
2 cuillères à soupe d'herbes hachées (estragon, persil, ciboulette et thym)
sel et poivre

Mettez tous les ingrédients dans un bocal muni d'un couvercle qui se visse ; salez et poivrez selon le goût. Secouez bien, puis agitez à nouveau au moment de l'emploi.
Pour 25 cl

Vinaigrette au citron jaune ou vert : remplacez le vinaigre par 4 cuillères à soupe de jus de citron jaune ou vert, fraîchement pressé.

Sauce au yaourt

150 g de yaourt nature
1 gousse d'ail pilée
1 cuillère à soupe de vinaigre de cidre
sel et poivre

Placez tous les ingrédients dans un grand bol avec sel et poivre. Mélangez à la fourchette.
Pour 15 cl environ

Sauce aux herbes : mettez les ingrédients ci-dessus dans un mixeur, avec 15 g de persil, 15 g de menthe et de ciboulette. Travaillez le tout 1 à 2 minutes à vitesse maximum. Laissez au frais jusqu'au moment de servir. Remuez bien avant emploi.
Pour 25 cl

A l'avance

Pendant l'été, quand les salades sont à l'honneur, confectionnez à l'avance quelques sauces.

Vinaigrette classique, se conservant 6 semaines : dans un bocal en verre et à joint de caoutchouc (le vinaigre attaque le métal), versez 20 cl d'huile à salade, 10 cl de vinaigre, 1/2 à 1 cuillère à café de moutarde, sel et poivre au goût ; si vous le désirez, ajoutez 1 gousse d'ail écrasée et quelques brins d'herbe aromatique ou un zeste de citron. Agitez avant l'emploi.

Sauce au yaourt, se conservant 4 jours : mélangez trois yaourts nature, 4 cuillères à soupe de jus de citron frais, sel et poivre au goût ; aromatisez comme ci-dessus.

Sauce à la tomate, se conservant 8 jours : mélangez 30 cl de jus de tomate, 1 cuillère à soupe de vinaigre à l'estragon, quelques brins de diverses herbes aromatiques, sel et poivre au goût.

LÉGUMES

Au long de l'année achetez les légumes de saison : cresson, endive, épinard, fenouil au printemps ; courgette, haricot, poivron, tomate et toutes les salades en été ; aubergine, courge, maïs, navet en automne ; carotte, céleri, tous les choux, poireau, salsifis en hiver. Les recettes de cuisine naturelle ont été conçues pour faire ressortir la saveur des différents légumes et vous permettre de confectionner des plats à la fois succulents et nutritifs.

Se prêtant à une infinité de préparations, les légumes peuvent être simplement cuits à l'étouffée comme garniture ; hachés ou émincés pour compléter un curry ; sautés ou frits pour un déjeuner rapide ; farcis pour satisfaire l'appétit de dîneurs affamés ; cuits au four avec des céréales complètes, des fruits et des noisettes pour combler des convives végétariens.

On cultive aujourd'hui chez nous une grande variété de légumes auxquels s'ajoutent ceux qui sont importés de l'étranger. Quelle que soit la saison, vous trouverez toujours ceux dont vous aurez besoin pour confectionner une recette donnée, que ce soit pour le repas familial ou pour une réception. Pourtant, choisissez-les avec beaucoup de soin — souvenez-vous que les critères de qualité sont, comme pour les fruits, la fraîcheur, la fermeté, la couleur et la taille (les fruits et légumes géants sont souvent insipides). Votre regard et votre odorat seront vos meilleurs guides.

Pour préserver toutes leurs qualités naturelles, préparez-les toujours au dernier moment, ne les épluchez que si c'est nécessaire et gardez-vous de les trop cuire.

Légumes frits au tofu

Chou rouge braisé

1 chou rouge coupé en choucroute
50 g de beurre
1 gros oignon coupé en rondelles
1 grosse pomme coupée en rondelles
1 cuillère à soupe de sucre
2 cuillères à soupe de vinaigre de vin
sel et poivre

Plongez 5 minutes le chou dans l'eau bouillante salée ; égouttez-le. Faites fondre la moitié du beurre dans une casserole et faites revenir 5 minutes l'oignon et la pomme. Étalez un tiers du chou dans un plat à four beurré, couvrez-le avec un tiers du mélange oignon-pomme et saupoudrez d'un peu de sucre, de vinaigre, salez et poivrez. Recommencez l'opération encore deux fois.

Parsemez de morceaux de beurre, couvrez de papier paraffiné, puis de papier aluminium. Faites cuire 2 heures au four (160°), en remuant de temps à autre.

Pour 6 personnes

Légumes frits au tofu

3 cuillères à soupe de sauce soja
3 cuillères à soupe de vin blanc sec
1 cm de gingembre pelé et haché
2 gousses d'ail écrasées
250 g de tofu ferme
2 cuillères à soupe d'huile de sésame
1 gros oignon coupé en rondelles
175 g de mange-tout coupés en deux
1 poivron rouge émincé
175 g de champignons de Paris émincés
500 g de germes de soja
2 cuillères à soupe de graines de sésame grillées

Mélangez dans une jatte le soja, le vin blanc, le gingembre et l'ail. Ajoutez le tofu coupé en cubes et tournez. Laissez mariner 1 heure, puis mettez de côté le jus de la marinade.

Faites chauffer l'huile dans un grand wok (poêle chinoise) et faites-y revenir les cubes de tofu 2 minutes jusqu'à ce qu'ils prennent couleur. Retirez-les avec une écumoire et tenez-les au chaud.

Ajoutez un peu d'huile si nécessaire et faites revenir l'oignon 2 minutes. Ajoutez les mange-tout, le poivron et faites revenir 2 minutes. Ajoutez les champignons, les germes de soja, la marinade et laissez revenir 2 minutes.

Incorporez le tout au tofu, puis versez dans un plat de service chaud, saupoudrez de graines de sésame avant de servir.

Pour 4 personnes

Légumes à l'orientale

450 g de légumes mélangés (chou-fleur, oignons, champignons, poireaux, fenouil)
1 verre de vin blanc sec
1 verre de vinaigre de vin
1 cuillère à café de coriandre moulue
1 cuillère à café de macis moulu
sel

Séparez le chou-fleur en bouquets et coupez en morceaux les oignons, les poireaux, les champignons, le fenouil. Mettez tous les légumes dans une casserole avec le vin, le vinaigre, les épices et le sel. Ajoutez de l'eau pour qu'il soient couverts, portez à ébullition et laissez frémir 15-20 minutes.

Les légumes doivent être encore croquants. Servez chaud ou froid.

Pour 4 personnes

Pommes duchesse

1 kg de pommes de terre
sel et poivre
50 g de beurre
1 œuf battu
POUR SERVIR :
1 petit œuf battu
branches de persil

Faites cuire les pommes de terre à l'eau bouillante salée ; quand elles sont cuites, égouttez-les et réduisez-les en purée. Ajoutez le beurre, puis incorporez l'œuf, salez et poivrez. Laissez refroidir.

Avec une poche à douille, disposez des petites boules de purée sur une tôle. Badigeonnez-les d'œuf et mettez-les 30 minutes au four (200°) ; elles doivent être dorées. Décorez avec du persil.

Pour 4 à 6 personnes

Légumes en gratin

1 chou-fleur séparé en bouquets
sel
2 cuillères à soupe d'huile
4 cuillères à soupe de farine complète
35 cl de lait
320 g de maïs en grains égoutté
2 cuillères à soupe de persil haché
125 g de gruyère râpé
POUR COUVRIR :
50 g de farine complète
25 g de beurre
25 g de flocons d'avoine
25 g d'amandes effilées

Faites cuire le chou-fleur à l'eau bouillante salée 5 minutes. Égouttez-le et mettez l'eau de cuisson de côté.

Faites chauffer l'huile dans la même casserole et tournez la farine. Retirez du feu, incorporez peu à peu le lait, puis 15 cl de l'eau de cuisson, portez à ébullition et laissez cuire 3 minutes. Ajoutez le maïs, le persil et la moitié du fromage. Ajoutez délicatement le chou-fleur et versez dans un plat à gratin.

Pour couvrir, mélangez du bout des doigts la farine et le beurre jusqu'à ce que cela soit grumeleux. Ajoutez les flocons d'avoine, les amandes et le reste de fromage, répartissez sur le plat et faites cuire 30 minutes au four (190°).

Pour 4 personnes

Aubergines braisées

huile à friture
4 ciboules émincées
4 gousses d'ail émincées
1 morceau de gingembre en lanières
2 grosses aubergines, coupées en lanières de 5 cm de long
2 cuillères à soupe de sauce soja
2 cuillères à soupe de vin blanc sec
1 cuillère à café de tabasco
poivron vert et rouge haché pour garnir

Faites chauffer 2 cuillères à soupe d'huile dans une sauteuse. Ajoutez la ciboule, l'ail, le gingembre et faites revenir 30 secondes tout en tournant. Retirez de la sauteuse et réservez. Augmentez le feu. Ajoutez les lanières d'aubergines et faites revenir jusqu'à ce qu'elles brunissent. Si nécessaire, rajoutez de l'huile. Retirez de la sauteuse et égouttez sur du papier absorbant.

Ôtez l'huile de la sauteuse. Remettez la ciboule, l'ail, le gingembre et les lanières d'aubergines dans la sauteuse. Mouillez avec la sauce soja, le vin blanc, le tabasco. Remuez bien et laissez cuire 2 minutes.

Disposez le mélange sur un plat de service chaud. Parsemez de poivron et servez immédiatement.

Pour 4 à 6 personnes

Légumes en gratin

Champignons farcis

24 gros champignons de Paris
125 g de beurre
1 gousse d'ail écrasée
50 g de chapelure de pain complet
50 g de gruyère râpé
2 cuillères à soupe de persil haché
sel et poivre

Ôtez la queue des champignons et hachez-les. Faites fondre la moitié du beurre dans une poêle ; faites revenir l'ail et les queues hachées doucement. Ajoutez la chapelure, le gruyère, le persil, salez et poivrez ; ôtez du feu.

Faites fondre le reste de beurre et versez-en la moitié dans un plat à four. Disposez les têtes de champignons dans le plat et répartissez sur chacune le mélange de la poêle. Versez le reste du beurre dessus.

Faites cuire 15 minutes au four (180°) ; les champignons doivent être cuits et la farce dorée.

Pour 4 personnes

Croquettes de légumes

2 cuillères à soupe d'huile
2 oignons hachés
1 gousse d'ail écrasée
2 carottes hachées
2 branches de céleri hachées
2 cuillères à café de curry
2 cuillères à soupe de persil haché
500 g de purée
sel et poivre
chapelure de pain complet
huile à friture

Faites chauffer l'huile dans une casserole, ajoutez et faites revenir les oignons. Ajoutez l'ail, les carottes, le céleri et tournez 5 minutes. Ajoutez le curry et tournez 1 minute.

Mélangez le tout avec le persil et la purée, salez et poivrez. Séparez en 8 morceaux auxquels vous donnerez la forme de croquettes que vous couvrirez de chapelure. Aplatissez-les légèrement et faites-les frire 2 minutes de chaque côté. Servez avec une sauce piquante (page 91).

Pour 4 personnes

Aubergines farcies

2 grosses aubergines
2 cuillères à soupe d'huile d'olive
1 gros oignon haché
2 gousses d'ail écrasées
3 branches de céleri hachées
175 g de champignons de Paris hachés
6 cuillères à soupe de riz complet cuit
50 g de noix moulues
1 cuillère à soupe de concentré de tomates
2 cuillères à soupe de persil haché
sel et poivre
75 g de gruyère râpé

Piquez à la fourchette les aubergines, coupez-les en deux et posez-les face coupée sur une plaque beurrée. Faites-les cuire 30 minutes au four (190°).

Pendant ce temps, faites chauffer l'huile dans une casserole, ajoutez et faites revenir l'oignon. Ajoutez et faites revenir l'ail et le céleri 5 minutes. Ajoutez les champignons et tournez 3 minutes. Ajoutez le riz, les noix, le concentré, le persil, salez, poivrez. Retirez du feu.

Évidez les aubergines, hachez la chair et mélangez-la avec le contenu de la casserole. Répartissez dans les aubergines, saupoudrez de fromage et faites dorer sous le gril.

Pour 4 personnes

Natte aux épinards

3 cuillères à soupe d'huile
1 oignon haché
500 g d'épinards à moitié décongelés
1 pincée de muscade
sel et poivre
250 g de champignons de Paris émincés
2 gousses d'ail écrasées
pâte brisée (page 37)
œuf battu pour badigeonner
1 cuillère à soupe de graines de sésame

Faites chauffer 1 cuillère à soupe d'huile dans une casserole, ajoutez l'oignon et faites-le revenir. Ajoutez les épinards, la muscade, salez, poivrez et laissez cuire 5 minutes, puis versez sur une assiette pour refroidir. Dans la casserole faites chauffer le reste d'huile. Ajoutez et faites revenir les champignons et l'ail, salez, poivrez et laissez refroidir.

Étalez la pâte en un morceau de 30 × 35 cm. Dans le sens de la longueur dessinez 3 sections. Humidifiez les bords avec de l'eau. Sur les sections extérieures, faites des incisions de 8 cm tous les 3 cm.

Étalez la moitié des épinards au centre, recouvrez-les des champignons, puis terminez par le reste d'épinards. Pliez les lamelles de pâte sur le centre pour donner l'effet d'une natte. Mettez 20 minutes au frais.

Badigeonez d'œuf, saupoudrez de graines de sésame et faites cuire 30 à 35 minutes au four (200°).

Pour 4 à 6 personnes

Croquettes de légumes ; aubergines farcies ; champignons farcis

Courgettes à la menthe

180 g de courgettes émincées
sel
50 g de petits pois congelés
50 g de maïs en grains congelé
2 branches de menthe
15 g de beurre
2 cuillères à café de ciboulette hachée

Mettez les courgettes dans une casserole d'eau bouillante salée. Ajoutez les petits pois, le maïs et la menthe. Couvrez et laissez mijoter 5 à 6 minutes ; ils doivent être tendres. Égouttez, retirez la menthe et remettez les légumes dans la casserole.

Ajoutez le beurre, la ciboulette et mélangez-les à feu doux 1 minute.

Mettez dans un plat de service chaud et servez aussitôt.

Pour 2 personnes

Courgettes à la menthe

Légumes sautés à la chinoise

2 cuillères à soupe d'huile
2 ciboules émincées
2 carottes en lanières
2 branches de céleri émincées
1 poivron rouge en lanières
1 cuillère à café de gingembre haché
quelques bouquets de chou-fleur
50 g de champignons émincés
125 g de mange-tout
125 g de haricots verts
50 g de germes de soja
2 piments verts, sans les graines, hachés
2 gousses d'ail émincées
2 cuillères à soupe de vin blanc
4 cuillères à soupe de sauce soja
sel et poivre
1 cuillère à café d'huile de sésame

Dans une sauteuse, faites chauffer l'huile ; ajoutez ciboules, carottes, céleri, poivron et gingembre, faites revenir 5 minutes en remuant sans arrêt.

Ajoutez les autres légumes et l'ail, et faites revenir 2 minutes.

Ajoutez le vin blanc, la sauce soja, assaisonnez. Laissez encore 3 minutes environ, sans arrêter de tourner. Arrosez d'huile de sésame.

Servez sans attendre.

Pour 4 personnes

Oignons glacés

8 clous de girofle
8 oignons de taille moyenne pelés
30 cl de bouillon de bœuf
sel et poivre
25 g de beurre fondu
8 morceaux de sucre
1 cuillère à soupe de sucre en poudre

Piquez un clou de girofle à la base de chaque oignon. Mettez-les dans un plat à four et versez dessus le bouillon. Salez, poivrez et ajoutez le beurre. Faites cuire 1 h 15 au four (160°) ; ils doivent être tendres.

Posez un morceau de sucre sur chaque oignon et saupoudrez-les de sucre en poudre. Passez-les sous le gril jusqu'à ce que le sucre soit caramélisé.

Pour 4 personnes

A DROITE : *curry végétarien et ses garnitures*

Curry végétarien

2 cuillères à soupe d'huile
1 oignon émincé
2 cuillères à café de coriandre moulue
2 cuillères à café de cumin moulu
2 gousses d'ail écrasées
2 cuillères à soupe de gingembre râpé
400 g de tomates
15 cl d'eau
1 piment vert haché
2 pommes de terre
2 carottes émincées
75 g de gombos
250 g de chou-fleur
sel et poivre
2 cuillères à soupe de coriandre hachée
DAHL :
2 cuillères à soupe d'huile
1 oignon haché
2 gousses d'ail hachées
2 cuillères à café de garam massala
1 cuillère à café de curcuma
175 g de lentilles corail
60 cl d'eau
1 cuillère à soupe de coriandre hachée
RAÏTA AU CONCOMBRE :
1/4 de concombre
150 g de yaourt nature
paprika
OIGNONS PIQUANTS :
125 g d'oignons violets émincés
1 cuillère à soupe de jus de citron
1/4 cuillère à café de paprika
1 pincée de cayenne

Faites chauffer l'huile dans une grande casserole, ajoutez et faites revenir l'oignon. Ajoutez la coriandre, le cumin, l'ail, le gingembre et tournez 1 minute. Ajoutez les tomates hachées, l'eau, le piment, les pommes de terre en dés, les carottes, les gombos coupés en morceaux, le chou-fleur en bouquets, salez, poivrez, mélangez bien, couvrez et laissez cuire à feu doux 20 minutes. Ajoutez la coriandre fraîche.

Servez sur un lit de riz complet avec des poppadoms plongées quelques secondes dans de l'huile à friture chaude, pour les faire gonfler, et les garnitures suivantes.

DAHL
Faites chauffer l'huile dans une casserole, ajoutez et faites revenir l'oignon. Ajoutez l'ail, les épices et tournez 1 minute. Ajoutez le reste des ingrédients, portez à ébullition et laissez frémir 20 minutes, en tournant de temps en temps. Servez chaud.

RAÏTA AU CONCOMBRE
Râpez le concombre et égouttez-le. Mélangez avec le yaourt, salez. Servez dans une jatte, saupoudré de paprika.

OIGNONS PIQUANTS
Mélangez les oignons avec le jus de citron, le paprika et le piment. Laissez ainsi 1 heure, puis servez dans une jatte, saupoudré de paprika.
Pour 4 personnes

Soufflé de carottes

450 g de carottes hachées
1 oignon émincé
45 cl d'eau
sel et poivre
25 g de beurre
1 cuillère à soupe de farine
15 cl de lait
100 g de jambon cuit, coupé en dés
4 œufs, blancs et jaunes séparés

Dans une casserole mettez les carottes, l'oignon et l'eau. Portez à ébullition, puis baissez le feu et laissez mijoter à couvert pendant environ 20 minutes. Les carottes doivent être tendres. Égouttez-les ; écrasez-les ou réduisez-les en purée au mixeur. Salez et poivrez à votre goût.

Faites fondre le beurre dans une casserole. Versez la farine et laissez cuire une à deux minutes en remuant constamment. Retirez du feu et incorporez peu à peu le lait, en battant bien chaque fois. Remettez sur le feu et laissez mijoter en remuant constamment, jusqu'à ce que la sauce épaississe.

Incorporez la sauce et le jambon à la purée de carottes. Ajoutez les jaunes d'œufs et battez le tout. Battez les blancs en neige, et incorporez-les aux carottes. Versez le tout dans un moule à soufflé de 1,5 l, beurré.

Faites cuire à four moyen (180°) pendant 45 minutes. Le soufflé doit bien monter et prendre.

Pour 4 personnes

Pommes de terre à la crème

350 g de pommes de terre coupées en tranches fines
1 petit oignon haché fin
4 cuillères à soupe de crème fraîche
sel et poivre
40 g de beurre
4 cuillères à soupe de lait
ciboulette hachée pour décorer

Recouvrez de tranches de pommes de terre le fond d'un plat à four beurré. Ajoutez un peu d'oignon et de crème. Salez et poivrez généreusement. Répétez cette opération jusqu'à épuisement des ingrédients, en terminant par une couche de pommes de terre.

Faites fondre 25 g de beurre dans une casserole, ajoutez le lait, puis versez le tout sur les pommes de terre. Parsemez de petits morceaux de beurre.

Couvrez et laissez cuire 45 minutes au four (190°), puis à découvert 20 minutes. Les pommes de terre doivent être dorées. Servez-les saupoudrées de ciboulette.

Pour 2 personnes

Galette de pommes de terre

500 g de pommes de terre râpées
1 oignon haché
2 cuillères à soupe de persil haché
1 œuf battu
sel et poivre
2 cuillères à soupe d'huile

Dans un saladier, mélangez soigneusement les pommes de terre, l'oignon, le persil, l'œuf, assaisonnez.

Dans une poêle à fond épais de 20 à 24 cm de diamètre, faites chauffer l'huile, ajoutez la préparation et lissez pour obtenir une galette. Faites frire doucement 5 à 7 minutes jusqu'à ce que le fond soit bien doré. Retournez-la avec une assiette, et faites dorer l'autre face 5 à 7 minutes. Coupez en parts et servez immédiatement.

Pour 4 personnes

Topinambours aux pommes

750 g de topinambours coupés en cubes
sel et poivre
1 grosse pomme pelée et coupée en tranches
50 g de sucre
25 g de beurre
3 à 4 cuillères à soupe de madère (facultatif)

Faites cuire les topinambours à l'eau bouillante salée 20 à 30 minutes. Égouttez-les.

Disposez-en la moitié dans une cocotte beurrée et recouvrez-les de la moitié des tranches de pomme. Saupoudrez la moitié du sucre, salez et poivrez. Répartissez la moitié du beurre en petits morceaux. Répétez ces opérations, puis versez le madère.

Couvrez et faites cuire 30 minutes au four (180°).

Pour 4 personnes

Gratin de courge

1 courge moyenne
15 g de beurre
1 gros oignon émincé
1 gousse d'ail écrasée
1 boîte de tomates (400 g)
1 cuillère à café de basilic séché
1 cuillère à café d'origan séché
sel et poivre
100 g de gruyère râpé
75 g de chapelure de pain complet

Épluchez la courge, coupez-la en deux, enlevez les graines et coupez la chair en dés de 2-3 cm.

Chauffez le beurre dans une poêle, faites fondre l'oignon et l'ail ; ajoutez la courge, les tomates avec leur jus, le basilic et l'origan ; salez et poivrez au goût ; portez à ébullition, couvrez et laissez mijoter environ 30 mn, jusqu'à ce que la courge soit tendre ; versez le contenu de la poêle dans un plat allant au four.

Mélangez le fromage et la chapelure, saupoudrez-en les légumes et faites dorer sous le gril 2 à 3 minutes. Servez aussitôt.

Pour 4 personnes

Panais à l'ananas

1 kg de panais coupés en quatre dans le sens de la longueur
15 cl de jus d'ananas
sel et poivre
40 g de beurre

Ôtez la partie centrale des morceaux de panais, puis disposez-les dans un plat à gratin beurré. Salez et poivrez le jus d'ananas et versez-le sur les panais. Parsemez de petits morceaux de beurre, couvrez et faites cuire 1 heure au four (180°).

Pour 4 personnes

A GAUCHE : *pommes de terre à la crème*
A DROITE : *topinambours aux pommes ; panais à l'ananas*

Peperonata chaude

4 cuillères à soupe d'huile d'olive
250 g d'oignons hachés
2 gousses d'ail écrasées
2 feuilles de laurier
6 gros poivrons verts coupés en deux
500 g de tomates pelées et hachées
sel et poivre
1 verre de câpres égouttées

Faites chauffer l'huile dans une grande poêle et faites revenir doucement 5 minutes les oignons, l'ail et le laurier en tournant de temps en temps.

Coupez les poivrons en lanières de 1 cm et incorporez-les au mélange de la poêle. Couvrez et laissez cuire doucement 10 minutes.

Ajoutez les tomates, un peu de sel, poivrez et laissez cuire sans couvrir, en tournant souvent, jusqu'à ce qu'une bonne partie du jus soit évaporée ; la sauce doit être épaisse. Ôtez le laurier, rectifiez l'assaisonnement et ajoutez les câpres.

Servez chaud avec du poulet grillé, du porc, des steaks, ou bien froid comme entrée.

Pour 4 personnes

Poireaux vinaigrette

6 poireaux
SAUCE :
2 cuillères à soupe de vinaigre
4 cuillères à soupe d'huile
1 cuillère à café de moutarde
sel et poivre
1 cuillère à soupe de chaque : persil et ciboulette

Coupez les poireaux en rondelles et faites-les cuire à l'eau bouillante salée 15 minutes. Égouttez-les bien.

Mélangez tous les ingrédients de la sauce et versez-la sur les poireaux encore tièdes. Servez tiède ou froid.

Pour 4 personnes

Garder les vitamines

La plupart des légumes sont très riches en vitamines et en sels minéraux que vous vous efforcerez de conserver.

Choisissez des légumes très frais, donc fermes, lavez-les soigneusement et, en cas de besoin, brossez-les. Ne les laissez jamais tremper, car la plupart des vitamines et des sels minéraux sont solubles dans l'eau. C'est pourquoi vous réutiliserez leur eau de cuisson dans d'autres préparations. La partie la plus riche des légumes se trouvant sous la peau, ne les épluchez que si c'est absolument nécessaire. Brossez-les de préférence.

Fèves aux noix

1 kg de fèves fraîches écossées
sel et poivre
25 g de beurre
1 petit oignon haché
15 cl de bouillon de poule
250 g de gruyère râpé
1 cuillère à café de sauce Worcestershire
125 g de noix hachées

Faites cuire les fèves à l'eau bouillante salée 15 à 20 minutes. Égouttez bien.

Faites chauffer le beurre dans une casserole et faites revenir l'oignon, puis ajoutez le bouillon et portez à ébullition. Ajoutez le fromage et tournez jusqu'à ce qu'il soit fondu, puis mettez la sauce Worcestershire, salez et poivrez. Ajoutez les fèves et les noix.

Versez le tout dans une cocotte beurrée et faites cuire 30 minutes au four (180°).

Pour 4 personnes

Fenouil à la toscane

750 g de cœurs de fenouil
sel et poivre
1 rondelle épaisse de citron
1 cuillère à soupe d'huile d'olive
25 g de beurre
25 g de parmesan râpé
feuilles de fenouil pour décorer

Nettoyez les cœurs de fenouil et coupez-les verticalement, en morceaux de 2 cm d'épaisseur. Mettez-les dans une casserole avec une pincée de sel, le citron, l'huile et ajoutez de l'eau bouillante pour les recouvrir. Laissez cuire 20 minutes ; ils doivent être tendres. Égouttez bien.

Faites fondre le beurre dans un plat à four, ajoutez les fenouils et tournez-les afin qu'ils soient bien nappés. Poivrez et saupoudrez de fromage.

Passez-les sous le gril quand ils sont dorés, décorez avec les feuilles de fenouil et servez aussitôt.

Pour 4 personnes

Chou-fleur aux épices ; légumes croquants

Chou-fleur aux épices

2 cuillères à soupe d'huile
1 cuillère à café de gingembre en poudre
2 cuillères à café de coriandre moulue
1 cuillère à café de curcuma
1 chou-fleur divisé en bouquets
2 carottes en rondelles
1 oignon en rondelles
2 branches de céleri coupées en dés
12 cl de bouillon
sel et poivre
150 g de yaourt nature
1 cuillère à soupe de coriandre ou de persil haché

Dans une casserole, faites chauffer l'huile, ajoutez les épices et laissez 1 minute. Ajoutez les légumes et laissez-les dorer 3 minutes, en remuant de temps à autre. Ajoutez le bouillon, assaisonnez. Couvrez et laissez mijoter 10 minutes, jusqu'à ce que les légumes soient tendres ; incorporez le yaourt, saupoudrez de persil ou de coriandre, et servez immédiatement.

Pour 4 personnes

Légumes croquants

2 cuillères à soupe d'huile
1 oignon émincé
2 carottes en lanières
2 branches de céleri en dés
1 poivron vert en lanières
1 cuillère à café de gingembre haché
125 g de champignons en lamelles
250 g de germes de soja
1 gousse d'ail écrasée
2 cuillères à soupe de vin blanc
2 cuillères à soupe de sauce soja
sel et poivre

Dans une sauteuse, faites chauffer l'huile ; mettez-y l'oignon, les carottes, le céleri, le poivron et le gingembre, faites revenir 5 minutes en remuant sans arrêt.

Ajoutez les champignons, les germes de soja et l'ail, et faites revenir 2 minutes.

Ajoutez le vin blanc, la sauce soja, assaisonnez. Laissez cuire encore 3 minutes environ, sans arrêter de tourner.

Servez sans attendre.

Pour 4 personnes

Pommes de terre aux oignons

2 cubes de bouillon de bœuf
4 oignons moyens coupés en anneaux
sel et poivre
4-6 pommes de terre moyennes coupées en rondelles fines

Faites dissoudre les cubes de bouillon dans une cocotte contenant 2,5 cm d'eau bouillante.

Disposez les anneaux d'oignons au fond de la cocotte et saupoudrez de poivre et d'une pincée de sel.

Répartissez dessus les rondelles de pommes de terre, assaisonnez à nouveau, couvrez et laissez cuire à feu doux 20 à 30 minutes ; les légumes doivent être tendres.

Pour 4 personnes

Purée de chou-fleur

1 chou-fleur moyen, séparé en bouquets
sel et poivre
25 g de beurre
25 g de farine
30 cl de lait
muscade râpée

Faites cuire le chou-fleur dans de l'eau bouillante légèrement salée 10 à 15 minutes. Égouttez-le.

Pendant ce temps, faites fondre le beurre dans une petite casserole et ajoutez la farine. Laissez cuire 1 minute en tournant, puis incorporez peu à peu le lait. Portez à ébullition, sans cesser de tourner, salez, poivrez, ajoutez la muscade. Laissez cuire encore 2 minutes, tout en tournant.

Ajoutez le chou-fleur dans la sauce et écrasez-le avec une cuillère en bois. Disposez-le sur un plat de service chaud.

Pour 4 personnes

Poireaux au beurre

6-8 poireaux en rondelles
sel et poivre
50 g de beurre
muscade râpée

Faites cuire 10 minutes les poireaux dans une casserole d'eau bouillante salée. Égouttez. Faites fondre le beurre dans une casserole et versez-y les poireaux. Saupoudrez de muscade et de poivre ; servez.

Pour 4 personnes

A GAUCHE : *pommes de terre aux oignons, purée de chou-fleur ; poireaux au beurre*
A DROITE : *gratin d'aubergines ; parmentier aux courgettes ; légumes à l'indienne*

Gratin d'aubergines

1 kg d'aubergines
sel et poivre
20 cl d'huile d'olive
1 oignon haché
1 gousse d'ail écrasée
500 g de tomates pelées et hachées
150 g de yaourt nature
125 g de fromage blanc non battu
25 g de gruyère

Coupez les aubergines en tranches et faites-les dégorger 1 heure avec un peu de sel dans une passoire. Égouttez et séchez avec du papier absorbant. Dans une cocotte, faites chauffer 2 cuillères à soupe d'huile, ajoutez l'oignon, laissez dorer. Ajoutez l'ail et les tomates et laissez sur feu doux, sans couvrir, 5 à 7 minutes.

Mélangez le yaourt et le fromage blanc, salez et poivrez. Faites chauffer le reste de l'huile dans une poêle, faites dorer les tranches d'aubergines sur les deux faces, égouttez sur du papier absorbant. Disposez un tiers des aubergines dans un plat allant au four, recouvrez de la moitié des tomates, puis de la moitié du yaourt. Recommencez, et terminez par une couche d'aubergine.

Saupoudrez de gruyère et mettez au four (180°) 35 à 40 minutes.

Servez sans attendre.

Pour 4 personnes

Parmentier aux courgettes

3 cuillères à soupe d'huile d'olive
2 oignons en rondelles
750 g de courgettes en rondelles
2 gousses d'ail écrasées
6 tomates hachées
1 cuillère à soupe de concentré de tomates
sel et poivre
750 g de purée
4 ciboules hachées
2 cuillères à soupe d'huile d'olive
10 cl de lait

Dans une cocotte, faites chauffer l'huile, ajoutez les oignons et les courgettes ; faites revenir 10 minutes en remuant de temps en temps. Ajoutez l'ail, les tomates, le concentré, salez, poivrez. Couvrez et laissez mijoter 5 minutes, puis versez dans un plat de 1,5 l, allant au four.

Mélangez la purée, la ciboule, l'huile, le lait, salez, poivrez. Recouvrez les courgettes de la préparation, mettez au four (200°), 30 à 40 minutes jusqu'à ce que le dessus soit doré. Servez sans attendre.

Pour 4 personnes

Légumes à l'indienne

4 cuillères à soupe d'huile
2 oignons émincés
2 cuillères à café de coriandre moulue et de curcuma
1 cuillère à café de curry
1 cuillère à café de gingembre haché
2 gousses d'ail
4 carottes
350 g de courgettes
30 cl de bouillon
sel et poivre
1 petit chou-fleur
50 g de noix de cajou grillées
150 g de yaourt

Dans une grande cocotte, faites chauffer l'huile ; faites-y revenir les oignons. Ajoutez les épices et l'ail écrasé, faites cuire 1 minute. Ajoutez les carottes et les courgettes émincées et faites revenir 2 à 3 minutes, en remuant sans arrêt. Ajoutez le bouillon, salez et poivrez.

Couvrez et laissez mijoter 10 minutes. Divisez le chou-fleur en bouquets, faites cuire 10 minutes de plus. Incorporez les noix et le yaourt, faites chauffer doucement.

Pour 4 à 6 personnes

Courgettes aux tomates

50 g de beurre
2 cuillères à soupe d'huile d'olive
4 grosses courgettes émincées
4 grosses tomates hachées
2 gousses d'ail écrasées
sel et poivre

Faites chauffer le beurre et l'huile dans une grande poêle et faites dorer les rondelles de courgettes sur un côté. Retournez-les et ajoutez les tomates quand les courgettes commencent à dorer de l'autre côté. Mélangez bien, ajoutez l'ail, salez, poivrez et laissez cuire jusqu'à ce que les tomates soient tendres.

Ce plat accompagne très bien une viande grillée.

Pour 4 personnes

Carottes au beurre

500 g de carottes
sel
1 bouillon-cube, volaille ou bœuf
50 g de beurre
persil haché pour décorer (facultatif)

Si elles sont petites, laissez les carottes entières, sinon, coupez-les en rondelles. Mettez-les dans une casserole et ajoutez de l'eau salée pour qu'elle arrive jusqu'au niveau des carottes.

Portez à ébullition et ajoutez le reste des ingrédients. Couvrez et laissez cuire 20 minutes, puis ôtez le couvercle et laissez cuire encore 10 à 15 minutes.

Égouttez et parsemez de persil avant de servir.

Pour 4 personnes

Courgettes aux tomates ; carottes au beurre

Boulettes aux épinards

1 cuillère à soupe d'huile
1 oignon haché
1 gousse d'ail écrasée
250 g d'épinards cuits
500 g de pommes de terre cuites en purée
1/4 de cuillère à café de muscade râpée
125 g de gruyère râpé
sel et poivre
farine complète
huile à friture

Faites chauffer l'huile dans une casserole, ajoutez et faites revenir l'oignon et l'ail. Ajoutez les épinards et les pommes de terre, la muscade, le fromage, le sel et le poivre. Séparez le mélange en 8 boules que vous aplatirez légèrement.

Mettez un peu de farine dans un sac en plastique et secouez-y successivement les 8 boules.

Plongez-les 2 minutes dans l'huile à friture chaude pour qu'elles soient bien dorées.

Pour 3 à 4 personnes

Feuilles d'épinards farcies

12 grandes feuilles d'épinards équeutées
sel et poivre
1 cuillère à soupe d'huile
1 oignon haché
2 gousses d'ail écrasées
250 g de champignons de Paris hachés
75 g de chapelure de pain complet
1 cuillère à soupe d'herbes de Provence
1 œuf battu
SAUCE :
2 jaunes d'œufs
1 cuillère à soupe de jus de citron

Plongez les feuilles 2 minutes dans 30 cl d'eau bouillante salée. Égouttez-les et mettez de côté l'eau de cuisson. Rincez-les sous l'eau froide, puis faites-les sécher sur du papier absorbant.

Faites chauffer l'huile dans une casserole, ajoutez et faites revenir l'oignon. Ajoutez l'ail et les champignons, laissez revenir 5 minutes. Ajoutez la chapelure, les herbes, l'œuf, salez, poivrez.

Répartissez 1 cuillère à soupe de ce mélange sur chaque feuille, repliez les bords et roulez-les.

Mettez-les dans un plat à four avec 15 cl de l'eau de cuisson, couvrez et faites cuire 45 minutes au four (190°). Gardez le jus de cuisson ; tenez les feuilles au chaud.

Pour la sauce, fouettez au bain-marie les jaunes d'œufs et le jus de citron. Ajoutez le jus de cuisson, tournez 5 minutes. Salez, poivrez, versez sur les épinards et servez.

Pour 4 personnes

Boulettes aux épinards ; feuilles d'épinards farcies

Tomates farcies

3 champignons parfumés
1 cuillère à soupe d'huile
1 gros oignon haché fin
500 g de porc haché
50 g de châtaignes d'eau hachées
2 cuillères à soupe de sauce soja
2 cuillères à soupe de vin blanc
8 grosses tomates
1 cuillère à soupe de maïzena délayée dans 2 cuillères d'eau
feuilles de coriandre

Faites tremper les champignons 15 minutes dans l'eau chaude. Pressez-les, équeutez-les et hachez les têtes.

Faites chauffer l'huile dans une sauteuse. Ajoutez l'oignon et faites-le frire. Ajoutez la viande et faites cuire, en remuant, 5 minutes. Elle doit brunir. Incorporez les champignons, les châtaignes, la sauce soja, le vin blanc. Laissez cuire 2 minutes.

Coupez les tomates en deux. Retirez la chair et hachez-la. Mettez-la dans la sauteuse. Incorporez la maïzena délayée et faites cuire en remuant 1 minute.

Laissez refroidir la farce, puis remplissez-en les moitiés de tomate. Disposez-les dans un plat allant au four et faites cuire à four moyen (180°) 15 à 25 minutes. Elles doivent être tendres.

Servez chaud, garni de coriandre.

Pour 4 à 8 personnes

Poivrons verts farcis

1 cuillère à soupe d'huile
1 gousse d'ail écrasée
1 morceau de gingembre haché fin
250 g de porc haché
1 ciboule hachée
1 branche de céleri hachée fin
zeste râpé de 1 citron
4 poivrons verts

Faites chauffer l'huile dans une sauteuse. Ajoutez l'ail et faites revenir jusqu'à ce qu'il soit bien doré. Baissez le feu. Ajoutez le gingembre, le porc, et faites cuire 2 minutes. Incorporez la ciboule, le céleri, le zeste de citron. Mélangez bien et faites cuire 30 secondes. Laissez refroidir légèrement.

Coupez les poivrons en quartiers. Retirez les parties blanches et les pépins. Remplissez les quartiers avec la farce en la tassant bien.

Disposez les poivrons farcis dans un plat à four huilé. Faites cuire à four moyen (200°) 25 minutes. Ils doivent être tendres. Servez-les immédiatement sur un plat de service chaud.

Pour 4 à 6 personnes

Tomates farcies ; poivrons verts farcis

Chou chinois braisé

1 gros chou chinois
250 g d'épinards
125 g de romaine
2 cuillères à soupe d'huile
4 ciboules hachées
1 cuillère à soupe de sauce soja
2 cuillères à café de vin blanc sec
50 g de crevettes décortiquées

Coupez le chou en tranches de 4 cm. Hachez les épinards et la romaine.

Faites chauffer l'huile dans une sauteuse. Ajoutez la ciboule et faites revenir 1 minute en tournant. Ajoutez les légumes et remuez à feu moyen 2 minutes. Versez la sauce soja, le vin blanc, et laissez cuire 2 minutes. Incorporez les crevettes et faites cuire 1 autre minute.

Transférez sur un plat de service chaud et servez immédiatement.

Pour 4 à 6 personnes

Courgettes en casserole

1 kg de courgettes
sel et poivre
1/2 cuillère à café d'origan
125 g de gruyère râpé
50 g d'amandes coupées fin
25 g de beurre fondu

Faites cuire les courgettes à la vapeur, coupez-les en rondelles de 1 cm et disposez-en le quart dans une cocotte beurrée. Salez, poivrez, mettez un peu d'origan, puis saupoudrez un quart du gruyère. Répétez jusqu'à épuisement, en terminant par le fromage.

Mélangez les amandes et le beurre et nappez-en le fromage. Faites cuire 20 minutes au four (180°).

Pour 4 à 6 personnes

Laitue braisée aux crevettes

3 cuillères à soupe d'huile
3 ciboules émincées
1 morceau de gingembre émincé
130 g de crevettes décortiquées
1 grosse laitue ou deux romaines de taille moyenne
1 cuillère à soupe de vin blanc sec

Faites chauffer l'huile dans une sauteuse. Ajoutez la ciboule et faites revenir 30 secondes tout en tournant. Elle doit légèrement brunir. Ajoutez le gingembre, les crevettes et laissez cuire 1 minute.

Séparez la laitue en feuilles. Mettez-les dans la sauteuse avec le vin blanc ; salez à votre goût. Tournez rapidement 1 à 2 minutes. Les feuilles de laitue doivent être juste assouplies.

Disposez sur un plat de service chaud et servez immédiatement.

Pour 4 à 6 personnes

Haricots verts printaniers

100 g de beurre
2 bottes de ciboule coupée en morceaux de 5 cm de long
1 kg de haricots verts
sel et poivre
1 laitue croquante coupée en quatre
1 botte d'herbes (persil et cerfeuil) liées ensemble

Faites fondre le beurre dans une casserole et faites-y revenir la ciboule 2 minutes. Ajoutez les haricots verts et laissez cuire 20 minutes. Salez, poivrez, ajoutez la laitue, les herbes, et laissez cuire encore 5 minutes.

Retirez les herbes et disposez le tout dans un plat de service chaud. Servez aussitôt.

Pour 4 personnes

Charlotte d'aubergines

1 kg d'aubergines coupées en rondelles
sel
50 g de beurre
1 gros oignon coupé en rondelles
2 gousses d'ail écrasées
500 g de tomates pelées et hachées
4 cuillères à soupe d'huile d'olive
300 g de yaourt nature
15 cl de bouillon de poule

Saupoudrez les aubergines de sel et laissez dégorger 30 minutes. Rincez à l'eau froide et essuyez bien.

Faites fondre le beurre dans une poêle et faites-y dorer légèrement l'oignon et l'ail. Ajoutez-y les tomates et laissez cuire 20 à 25 minutes.

Faites chauffer l'huile dans une autre poêle et faites-y dorer des deux côtés les rondelles d'aubergines. Égouttez-les.

Disposez les rondelles d'aubergines sur le fond et les côtés d'un moule à charlotte, puis répartissez des couches successives de tomates, de yaourt et d'aubergines, en terminant par une couche d'aubergines.

Couvrez de papier aluminium et faites cuire 40 à 45 minutes au four (180°). Attendez 10 minutes avant de démouler.

Réchauffez le reste de tomates avec le bouillon et versez sur la charlotte. Servez aussitôt.

Pour 4 à 6 personnes

RIZ, PÂTES ET LÉGUMES SECS

Peu d'autres aliments offrent une telle variété de formes et de couleurs. On trouve du riz du Piémont et de Camargue à grain rond, du riz à grain long Caroline, Patna, de Camargue, du riz géant de Madagascar ; il peut être sauvage, non décortiqué ou poli (riz blanc). Quant aux pâtes, ordinaires (blanches), aux œufs (jaunes), aux épinards (vertes) ou à la tomate (rouges), elles existent dans une grande quantité de formes, soit classiques comme les vermicelles cheveux d'ange, les macaronis, les coquillettes, les spaghettis, les nouilles, soit fantaisistes comme les papillons ou les lettres. Associés aux légumes secs ou aux céréales — haricots blancs, rouges ou noirs, flageolets verts, soissons, haricots beurre, lentilles vertes du Puy ou plates du Chili, pois cassés, fèves, pois chiche ou orge perlé — le riz et les pâtes permettent de préparer des mets succulents, riches en protéines, vitamines et fibres alimentaires, capables de satisfaire les appétits les plus formidables. Préparez-les avec des légumes frais pour des ragoûts longuement mijotés, du bouillon pour des soupes reconstituantes, du fromage, des œufs et des légumes pour des gratins, des quiches, des galettes ou des croquettes.

Plusieurs recettes permettent d'apprêter des plats de résistance végétariens — galettes de lentilles, ragoûts de haricots ou ragoût provençal —, d'autres peuvent s'exécuter en un tournemain — macaronis à la crème, pilaf de fruits et d'amandes, ou curry de pois chiches.

Curry de pois chiches

500 g de pois chiches
3 cuillères à soupe d'huile
2 oignons hachés
1 cuillère à café de piment en poudre
2 cuillères à café de cumin en poudre
1 cuillère à café de coriandre en poudre
2 cuillères à café de gingembre haché
6 cardamomes coupées en deux et épépinées
2 gousses d'ail écrasées
500 g de tomates hachées
2 cuillères à soupe de concentré de tomates
sel et poivre
coriandre hachée

Faites tremper les pois chiches une nuit, égouttez-les, mettez-les dans une casserole, couvrez-les d'eau froide. Amenez à ébullition et faites cuire sur feu doux pendant 2 heures. Égouttez et gardez le jus de cuisson. Dans une grande cocotte, faites chauffer l'huile, faites revenir les oignons. Ajoutez les épices et l'ail, faites cuire 2 minutes. Ajoutez les tomates, le concentré, les pois chiches, 30 cl du jus de cuisson, salez et poivrez.

Couvrez et laissez mijoter 1 heure, ou jusqu'à ce que les pois chiches soient bien tendres. Saupoudrez de coriandre, servez comme plat principal ou comme garniture.

Pour 6 personnes

Galettes de lentilles

2 cuillères à soupe d'huile
1 oignon haché
2 branches de céleri
2 carottes
250 g de lentilles
50 cl d'eau
coriandre moulue
sel et poivre
2 cuillères à soupe de persil haché
180 g de chapelure
2 cuillères à soupe de farine
1 œuf battu
huile
SAUCE :
300 g de yaourt
1 cuillère à soupe de persil haché
1 gousse d'ail écrasée

Dans une casserole faites chauffer l'huile, faites revenir l'oignon, le céleri et les carottes hachés. Ajoutez les lentilles, l'eau, de la coriandre, assaisonnez. Amenez à ébullition, couvrez et laissez mijoter 50 minutes à 1 heure, en remuant de temps à autre. Mélangez-y le persil et 1/3 de la chapelure ; mettez à refroidir sur une assiette. Avec les mains farinées, faites des boules du mélange, passez-les dans la farine, dans l'œuf battu et dans le reste de la chapelure.

Versez de l'huile dans une poêle sur une hauteur de 5 mm ; mettez sur feu doux. Lorsque l'huile est chaude, faites frire les galettes jusqu'à ce qu'elles soient dorées et croustillantes, en les retournant une ou deux fois.

Pour la sauce, mélangez le yaourt, le persil et l'ail. Servez les galettes avec cette sauce.

Pour 4 personnes

Potée de lentilles

3 cuillères à soupe d'huile
2 oignons hachés
4 carottes
4 branches de céleri
500 g de tomates
1 gousse d'ail écrasée
1 feuille de laurier
30 cl de jus de tomates
90 cl d'eau
300 g de lentilles
2 cuillères à soupe de persil haché
sel et poivre

Dans une grande cocotte, faites chauffer l'huile, faites revenir les oignons, les carottes et le céleri émincés pendant 10 minutes.

Pelez les tomates et coupez-les en quartiers. Ajoutez-les avec le reste des ingrédients, salez, poivrez. Couvrez et laissez mijoter 50 minutes à 1 heure, en remuant de temps à autre, jusqu'à ce que les lentilles soient tendres.

Pour décorer, vous pouvez saupoudrer de persil haché. Servez comme plat principal avec du pain complet, ou comme garniture.

Pour 4 à 6 personnes

A GAUCHE : *curry de pois chiches ; galettes de lentilles ; potée de lentilles*

Ragoût de haricots noirs

350 g de haricots noirs ayant trempé une nuit
2 cuillères à soupe d'huile d'olive
2 oignons émincés
2 branches de céleri en rondelles
2 carottes en rondelles
2 gousses d'ail écrasées
500 g de francforts en rondelles
1 cuillère à soupe de concentré de tomates
1 feuille de laurier
500 g de tomates hachées
sel et poivre

Mettez les haricots égouttés dans une casserole ; recouvrez-les d'eau froide, amenez à ébullition et laissez cuire à feu doux pendant 1 heure. Égouttez, gardez 45 cl du jus de cuisson.

Faites chauffer l'huile dans un plat allant sur le feu, faites blondir les oignons 5 à 10 minutes, ajoutez le céleri, les carottes et faites frire 3 à 4 minutes.

Ajoutez le reste des ingrédients, les haricots le jus de cuisson, salez et poivrez. Couvrez et faites cuire au four (180°) 1 h à 1 h 30, jusqu'à ce que les haricots soient bien cuits.

Servez sans attendre, saupoudré de persil, si vous le désirez.

Pour 4 personnes

Puchero

350 g de haricots blancs ayant trempé une nuit
250 g de porc salé
2 cuillères à soupe d'huile d'olive
1 oignon émincé
1 poivron rouge et 1 vert émincés
2 gousses d'ail écrasées
2 cuillères à café de concentré de tomates
4 tomates coupées en quatre
250 g de chorizo en tranches fines
sel et poivre

Mettez les haricots égouttés dans une casserole, recouvrez-les d'eau froide, amenez à ébullition et faites cuire sur feu doux 50 à 60 minutes. Égouttez et gardez 45 cl du jus de cuisson.

Couvrez le porc d'eau froide, amenez à ébullition, faites cuire à feu doux pendant 30 minutes. Égouttez et coupez en dés.

Faites chauffer l'huile dans une casserole, faites revenir l'oignon et les poivrons ; ajoutez l'ail, le concentré de tomates, les morceaux de porc, les haricots et leur jus. Amenez à ébullition et laissez mijoter 1 heure. Ajoutez les tomates, le chorizo ou le saucisson à l'ail, salez et poivrez. Laissez cuire encore 30 minutes.

Vous pouvez saupoudrer de persil haché avant de servir.

Pour 4 à 6 personnes

A DROITE : *ragoût de haricots noirs ; puchero*

Fettucine verde

250 g de fettucine verde (pâtes italiennes vertes)
sel et poivre
2 cuillères à soupe d'huile d'olive
1 oignon haché
1 gousse d'ail écrasée
125 g de champignons de Paris, émincés
250 g de saucisses italiennes à l'ail hachées
250 g de ricotta
1 œuf
125 g de mozzarella coupée en lanières

Faites cuire les pâtes à l'eau bouillante salée ; elles doivent être tendres.

Pendant ce temps, faites chauffer l'huile dans une poêle et faites revenir l'oignon et l'ail. Ajoutez les champignons et laissez-les revenir 3 minutes, puis incorporez la saucisse. Ôtez du feu.

Égouttez les pâtes et mélangez-les dans la poêle. Battez la ricotta et l'œuf ; ajoutez-les au mélange, salez et poivrez. Versez dans une cocotte et couvrez le tout de mozzarella. Faites cuire 35 minutes au four (160°).

Pour 4 personnes

Macaronis à la crème

250 g de macaronis
sel et poivre
25 g de beurre fondu
125 g de gruyère râpé
15 cl de crème fraîche
4 cuillères à soupe de lait
1 œuf battu
1 pincée de paprika

Faites cuire les macaronis à l'eau bouillante salée ; ils doivent être tendres. Égouttez-les bien, ajoutez le beurre, salez et poivrez. Disposez-les en couches alternées avec le fromage dans une cocotte, en mettant de côté 2 cuillères à soupe de fromage.

Mélangez la crème, le lait, l'œuf, le paprika, salez et poivrez. Nappez-en les macaronis et saupoudrez du reste de fromage. Faites cuire 20 minutes au four (200°).

Pour 4 personnes

Pâtes aux petits légumes

3 cuillères à soupe de vin blanc sec
1 cuillère à soupe de cerfeuil haché
2 cuillères à soupe de crème fraîche
175 g de beurre
125 g de champignons de Paris émincés
2 tomates pelées, épépinées et hachées
sel et poivre
1 cuillère à café de jus de citron
2 cuillères à soupe d'huile d'olive
150 g de bouquets de chou-fleur
1 petite courgette émincée
50 g de mange-tout
4 cœurs d'artichauts en boîte égouttés et coupés en quatre
50 g de petits pois
350 g de spaghettis

Mettez le vin et le cerfeuil dans une casserole et laissez réduire de moitié.

Ajoutez la crème, 150 g de beurre en petits morceaux, les champignons et les tomates, salez, poivrez. Laissez bouillir 30 secondes. Ajoutez le jus de citron.

Faites chauffer l'huile dans une grande poêle, ajoutez et faites revenir 2-3 minutes le reste de légumes.

Pendant ce temps, faites cuire les spaghetti *al dente*. Égouttez-les et mélangez-les avec le reste du beurre. Nappez-les de sauce et tournez-les.

Versez-les dans un plat de service chaud et disposez les légumes sur le pourtour.

Servez aussitôt.

Pour 4 personnes

Casserole de haricots et de maïs

250 g de haricots blancs ayant trempé une nuit
1 boîte de maïs (300 g) égoutté
1 boîte de tomates (400 g) égouttées
sel et poivre
1 cuillère à soupe de sucre
1 cuillère à soupe d'oignon râpé
50 g de chapelure

Égouttez les haricots et mettez-les dans une casserole, puis couvrez-les d'eau froide, portez à ébullition et laissez mijoter 45 minutes ; ils doivent être tendres.

Égouttez-les et mélangez-les avec le maïs, les tomates, salez, poivrez, ajoutez le sucre et l'oignon. Versez le tout dans une cocotte beurrée et saupoudrez de chapelure. Faites cuire 45 minutes au four (180°).

Pour 4 personnes

Pilaf de fruits et d'amandes

80 g de raisins de Smyrne
180 g de fruits secs
1 cuillère à soupe de vin blanc
75 g de beurre
1 oignon haché
250 g de riz cuit
1/2 cuillère à café de piment de la Jamaïque moulu
sel et poivre
50 g d'amandes effilées

Mettez les raisins de Smyrne et les fruits secs dans une jatte, arrosez-les de vin blanc, couvrez d'eau. Laissez tremper ainsi 4 heures. Égouttez et coupez fin les fruits secs.

Faites fondre le beurre dans une poêle et faites revenir l'oignon. Ajoutez le riz et le piment, salez, poivrez et mélangez bien.

Incorporez les fruits secs, les raisins et les amandes, puis versez le tout dans une cocotte beurrée. Faites cuire 30 minutes au four (190°).

Pour 6 personnes

A GAUCHE : *pâtes aux petits légumes*
A DROITE : *casserole de haricots et de maïs ; pilaf de fruits et d'amandes*

Gratin de haricots

75 g de haricots rouges
75 g de cornilles
75 g de cocos
1 gros oignon
2 branches de céleri
50 g de lard découenné
2 cuillères à soupe d'huile
1 gousse d'ail écrasée
1 boîte (400 g) de tomates
15 cl de bouillon
1 pincée de cayenne
sel et poivre
75 g de chapelure complète
125 g de comté râpé

Faites tremper les haricots à l'eau froide toute une nuit. Égouttez-les, mettez-les dans une casserole d'eau froide. Amenez à ébullition, laissez cuire à feu vif 10 mn, couvrez et rincez à l'eau froide.

Hachez fin l'oignon, le céleri et le lard. Versez l'huile dans une poêle et faites-les revenir avec l'ail. Ajoutez les tomates, leur jus et le bouillon, puis le cayenne, les haricots, du sel et du poivre. Amenez à ébullition, couvrez et laissez cuire à feu doux 20 mn. Versez dans un plat à gratin.

Mélangez la chapelure et le fromage, versez sur le dessus du plat et faites dorer sous le gril. Servez sans attendre.

Pour 4 personnes

Haricots blancs à l'italienne

500 g de haricots blancs ayant trempé une nuit
125 g de saucisse italienne à l'ail coupée fin
2 gousses d'ail écrasées
1 cuillère à café d'origan
sel et poivre
4 cuillères à soupe de concentré de tomates
50 cl d'eau

Égouttez les haricots et mélangez-les avec la saucisse, l'ail, l'origan, salez et poivrez. Délayez le concentré de tomates dans l'eau.

Versez le mélange de haricots dans une cocotte et ajoutez l'eau et le concentré.

Faites cuire 3 h à 3 h 30 au four (140°). Si nécessaire, ajoutez un peu d'eau en cours de cuisson.

Pour 6 personnes

Curry aux œufs

50 g de haricots blancs secs
15 g de beurre
2 tranches de lard fumé, haché
1 oignon haché
1 branche de céleri coupée fin
1 cuillère à café de curry
1/4 cuillère à café de gingembre râpé
1 cuillère à soupe de farine
15 cl de bouillon léger
1 boîte (230 g) de tomates
sel et poivre
4 œufs durs
persil haché pour décorer

Faites tremper les haricots dans l'eau froide toute une nuit.

Égouttez-les, rincez-les et mettez-les dans une casserole. Couvrez-les d'eau froide, portez à ébullition et laissez mijoter 45 minutes ; quand ils sont tendres, égouttez-les.

Faites fondre le beurre dans une casserole, et faites-y revenir le lard, l'oignon, le céleri. Ajoutez le curry, le gingembre et la farine, laissez cuire 1 minute. Incorporez peu à peu le bouillon, les tomates et leur jus. Laissez chauffer, tout en remuant, jusqu'à ce que cela épaississe. Ajoutez les haricots, salez et poivrez.

Coupez les œufs dans le sens de la longueur et mettez-les dans la casserole. Couvrez et laissez mijoter 20 minutes. Disposez sur un plat de service chaud, saupoudrez de persil et servez aussitôt.

Pour 2 personnes

A GAUCHE : *gratin de haricots*
A DROITE : *riz et légumes à l'orientale*

Riz au fromage

350 g de riz cuit
6 ciboules hachées
40 g de persil haché
3 œufs battus
4 cuillères à soupe de lait
125 g de gruyère râpé
sel et poivre

Mélangez le riz, la ciboule et le persil. Mélangez le reste des ingrédients. Salez, poivrez et incorporez-les au riz. Disposez le tout dans un plat à gratin beurré et faites cuire 30 minutes au four (180°).

Pour 4 personnes

Orge perlé en cocotte

50 g de beurre
2 poireaux moyens coupés fin
1 poivron vert coupé fin
250 g d'orge perlé
50 g de jambon de Paris, en dés
1 boîte de maïs (300 g) égoutté
30 cl de bouillon de poule
sel et poivre

Faites fondre le beurre dans une cocotte et faites revenir les poireaux et le poivron. Ajoutez les autres ingrédients, salez et poivrez.

Couvrez et laissez cuire 40 minutes au four (160°) ; l'orge doit être tendre et avoir absorbé tout le bouillon.

Pour 4 personnes

Conservation

Les légumes sont imbattables pour la valeur nutritive. S'il vous est impossible de vous réapprovisionner chaque jour, conservez-les dans un endroit frais et aéré. N'oubliez pas de couper les fanes (carottes, radis, etc.) pour empêcher la sève d'y monter.

Riz et légumes à l'orientale

1 cuillère à soupe d'huile
2 poireaux émincés
1 carotte émincée
1 oignon émincé
1/2 pomme évidée et hachée
1/2 cuillère à café de cumin
1/2 cuillère à café de coriandre en poudre
1 pincée de cayenne
sel et poivre
4-5 cuillères à soupe de bouillon
80 g de riz complet
persil haché

Faites chauffer l'huile dans une poêle et faites-y revenir doucement 3 minutes les poireaux, la carotte, l'oignon et la pomme, tout en tournant. Ajoutez le cumin, la coriandre, le cayenne, salez et poivrez. Laissez cuire 3 minutes, puis incorporez le bouillon. Couvrez et laissez mijoter 10 à 15 minutes ; les légumes doivent être encore fermes.

Faites cuire le riz à l'eau bouillante salée 45 à 50 minutes ; il doit être tendre. Égouttez-le et rincez-le à l'eau très chaude.

Incorporez le riz au reste des légumes et laissez chauffer doucement 5 minutes. Versez dans un plat de service, saupoudrez de persil.

Pour 2 personnes

Hochepot de légumes

25 g de pois chiches
25 g de haricots blancs
25 g de cornilles
25 g de haricots rouges
15 g de beurre
1 petit oignon haché
1 carotte coupée en rondelles
1 branche de céleri coupée fin
1 gousse d'ail écrasée
1 boîte (230 g) de tomates
1/2 cuillère à café d'herbes de Provence
sel et poivre
75 g de gruyère râpé

Mettez les légumes secs (sauf les haricots rouges) dans une jatte et couvrez-les d'eau froide. Faites tremper les haricots rouges à part. Laissez tremper toute une nuit.

Égouttez et faites cuire le contenu de chaque jatte à part, couvert d'eau froide ; portez à ébullition. Couvrez et laissez mijoter 40 minutes ; les légumes doivent être tendres. Égouttez-les et rincez-les à l'eau froide, puis égouttez-les encore.

Faites fondre le beurre dans une poêle et faites-y revenir l'oignon, la carotte et le céleri. Ajoutez l'ail, les haricots, les tomates et leur jus, les herbes, salez et poivrez.

Portez à ébullition et laissez mijoter 1 h à 1 h 15, en ajoutant un peu d'eau si nécessaire. Rectifiez l'assaisonnement. Disposez dans un plat de service chaud. Saupoudrez de gruyère et servez aussitôt.

Pour 2 personnes

Poivrons farcis marinière

500 g de filets de cabillaud
30 cl d'eau bouillante
1 bouquet garni
1/2 oignon
sel et poivre
1 cuillère à soupe d'huile
1 oignon haché
2 branches de céleri hachées
125 g de riz complet
1 boîte (230 g) de tomates
1 feuille de laurier
1 cuillère à café de marjolaine hachée
15 cl d'eau froide
125 g de crevettes décortiquées
4 cuillères à soupe de maïs en grains
4 poivrons verts

Mettez le poisson dans une casserole avec l'eau bouillante, le bouquet garni, le demi-oignon, salez, poivrez, couvrez et laissez frémir 10 à 15 minutes. Retirez et nettoyez le poisson, émiettez-le en gros morceaux.

Faites chauffer l'huile dans une poêle, ajoutez et faites revenir l'oignon et le céleri 2 minutes, puis ajoutez le riz et laissez revenir 3 minutes.

Ajoutez les tomates et leur jus, les herbes, salez, poivrez, versez l'eau froide, portez à ébullition, couvrez et laissez frémir 40 minutes. Retirez du feu et incorporez le poisson, les crevettes et le maïs.

Coupez un chapeau sur chaque poivron et mettez-les de côté. Évidez les poivrons et unifiez la base pour qu'ils soient stables. Plongez-les 2 minutes dans l'eau bouillante, puis dans de l'eau froide. Égouttez.

Répartissez la farce dans les poivrons, posez dessus les couvercles, mettez-les dans un plat à four et faites-les cuire 15 minutes au four (180°).

Pour 4 personnes

Riz et céréales

Le riz accompagne traditionnellement le curry et, souvent, les ragoûts et les viandes en sauce. Il figure aussi dans de nombreuses recettes, dont la paella et le risotto. Vous pouvez l'associer à quelques céréales complètes.

Essayez le mélange suivant, bien équilibré : 1/4 de riz long grain non décortiqué et 3/4 d'un mélange d'avoine, de boulgour, d'orge, de sarrasin, de seigle et de diverses graines. Faites cuire à l'eau bouillante (vous aurez besoin de davantage de liquide que d'habitude) pendant 30 à 40 minutes.

Hochepot de légumes

Quiche de tomates aux lentilles

1 portion de pâte (page 38)
2 cuillères à soupe d'huile
2 oignons hachés
2 branches de céleri hachées
1 gousse d'ail écrasée
175 g de lentilles vertes
400 g de tomates hachées
30 cl d'eau
sel et poivre
3 cuillères à soupe de persil haché
75 g de gruyère râpé
1 cuillère à soupe de graines de sésame

Étalez la pâte sur un plan de travail fariné et garnissez-en un moule de 20 cm de diamètre. Piquez et laissez 20 minutes au frais. Faites cuire « à blanc » 10-12 minutes au four (200°). Retirez le papier et les haricots, et reportez au four 5 minutes.

Pendant ce temps, faites chauffer l'huile dans une casserole, ajoutez et faites revenir l'oignon, le céleri et l'ail. Ajoutez les lentilles, les tomates, l'eau, salez, poivrez, couvrez et laissez frémir 1 heure, en tournant de temps en temps. Ajoutez le persil et répartissez dans la tarte. Saupoudrez de fromage et de graines de sésame, et reportez au four 10-15 minutes.

Pour 4 personnes

Gratin de champignons

2 cuillères à soupe d'huile
1 oignon haché
1 carotte hachée
2 branches de céleri hachées
1 gousse d'ail écrasée
250 g de lentilles corail
50 cl d'eau
2 cuillères à soupe de sauce soja
sel et poivre
GARNITURE :
25 g de beurre
250 g de champignons émincés
2 gousses d'ail écrasées
3 cuillères à soupe de persil haché
POUR TERMINER :
75 g de gruyère râpé

Faites chauffer l'huile dans une casserole, ajoutez et faites revenir 10 minutes l'oignon, la carotte et le céleri. Ajoutez le reste des ingrédients, salez, poivrez, couvrez et laissez frémir 50 minutes à 1 heure, en tournant de temps en temps.

Pendant ce temps, préparez la garniture : faites fondre le beurre dans une casserole, ajoutez et tournez 2 minutes les champignons. Ajoutez l'ail, le persil, salez, poivrez et mélangez bien.

Disposez la moitié du premier mélange dans un plat à four huilé, recouvrez des champignons et terminez par le reste du premier mélange. Saupoudrez de gruyère et faites cuire 20-25 minutes au four (190°).

Pour 4 personnes

Quiche de tomates aux lentilles ; gratin de champignons

Moussaka de lentilles

15 cl d'huile
1 oignon haché
4 branches de céleri hachées
1 gousse d'ail écrasée
1 boîte (400 g) de tomates
250 g de lentilles vertes
2 cuillères à soupe de sauce soja
sel et poivre
1 l d'eau
500 g d'aubergines en rondelles
POUR COUVRIR :
2 œufs battus
15 cl de fromage blanc
POUR TERMINER :
2 cuillères à soupe de parmesan râpé

Faites chauffer 1 cuillère à soupe d'huile dans une casserole, ajoutez et faites revenir l'oignon. Ajoutez le céleri, l'ail, les tomates et leur jus, les lentilles, la sauce soja, du poivre, l'eau, couvrez et laissez frémir 50 minutes.

Pendant ce temps, saupoudrez les aubergines de sel et laissez-les dégorger 1 heure dans une passoire. Essuyez-les.

Faites chauffer le reste d'huile dans une poêle, ajoutez et faites dorer des deux côtés les rondelles d'aubergine.

Répartissez le premier mélange sur le fond d'un plat à four, couvrez d'une couche d'aubergines, répétez cette alternance en terminant par des aubergines.

Mélangez les œufs et le fromage blanc, salez, poivrez et versez sur les aubergines, saupoudrez de parmesan et faites cuire 30 à 40 minutes au four (180°).

Pour 4 personnes

Gratin de lentilles

1 cuillère à soupe d'huile
1 oignon haché
1 carotte hachée
1 branche de céleri hachée
175 g de lentilles corail
45 cl d'eau
1 gousse d'ail écrasée
sel et poivre
2 cuillères à soupe de chapelure de pain complet
125 g de gruyère râpé
2 cuillères à soupe de persil haché
1 œuf battu
2 cuillères à soupe de graines de sésame

Faites chauffer l'huile dans une casserole, ajoutez et faites revenir l'oignon. Ajoutez la carotte, le céleri, les lentilles, l'eau, l'ail, salez, poivrez, couvrez, portez à ébullition, puis laissez frémir 20 minutes ; l'eau doit être absorbée.

Ajoutez la chapelure, les trois quarts du fromage, le persil et l'œuf. Versez dans un plat à four. Saupoudrez de graines de sésame, du reste de fromage, et faites cuire 45 minutes au four (180°).

Accompagnez d'une sauce tomate, de pommes de terre nouvelles et d'une salade verte.

Vous pouvez aussi servir ce plat froid avec une salade verte.

Pour 6 personnes

Gratin de lentilles

Pour mieux réussir

Pâtes : jetez-les dans une casserole d'eau bouillante légèrement salée, laissez cuire le temps recommandé par le fabricant, puis égouttez. Le temps de cuisson mentionné sur le paquet correspond à ce que les Italiens appellent « al dente » — c'est-à-dire cuites à cœur, mais encore fermes. La cuisson des pâtes fraîches, qu'on trouve de plus en plus facilement dans le commerce, est beaucoup plus rapide : comptez 3 à 4 minutes.

Le riz long grain non décortiqué est aussi facile à apprêter, et chaque cuisinière a sa méthode préférée. La réussite est assurée en procédant comme suit : mettez le riz dans une casserole avec le double de son volume d'eau ; portez à ébullition, réduisez le feu, refermez soigneusement le couvercle et laissez mijoter 45 minutes (le riz non décortiqué exige une cuisson beaucoup plus longue que le riz poli), après quoi tout le liquide aura été absorbé. Au moment de servir, séparez les grains avec une fourchette.

Ragoût à la provençale

350 g de haricots secs ayant trempé une nuit
sel et poivre
2 cuillères à soupe d'huile d'olive
2 oignons émincés
1 poivron rouge émincé
1 poivron vert émincé
2 gousses d'ail écrasées
400 g de tomates hachées
2 cuillères à soupe de concentré de tomates
1 cuillère à café de marjolaine
1 bouquet garni
50 g d'olives noires
2 cuillères à soupe de persil haché

Mettez les haricots dans une casserole et couvrez-les d'eau. Portez à ébullition, laissez bouillir 10 minutes, puis couvrez et laissez frémir 1 h à 1 h 15, en salant à la fin. Egouttez-les et mettez de côté 30 cl du liquide de cuisson.

Faites chauffer l'huile dans une casserole, ajoutez et faites revenir les oignons. Ajoutez et faites revenir 10 minutes les poivrons et l'ail. Ajoutez les tomates, le concentré, les herbes, les haricots, le liquide, salez, poivrez, couvrez et laissez frémir 45 minutes, en ajoutant les olives dénoyautées et le persil 5 minutes avant la fin de la cuisson. Retirez le bouquet garni.

Pour 4 personnes

Fasolia

Ce plat se sert en légume : en lui rajoutant de l'eau, vous pouvez le servir en soupe.

4 cuillères à soupe d'huile d'olive
1 gros oignon haché
1 gousse d'ail écrasée
250 g de haricots secs ayant trempé une nuit
1 bouquet garni
1 cuillère à soupe de concentré de tomates
4 tomates pelées et hachées
50 cl d'eau
sel et poivre
2 cuillères à café de jus de citron
POUR TERMINER :
rondelles d'oignon
persil haché

Faites chauffer l'huile dans une casserole, ajoutez et faites dorer l'oignon. Ajoutez l'ail, les haricots égouttés, le bouquet garni, le concentré de tomates, les tomates, puis l'eau. Portez à ébullition et laissez bouillir 10 minutes, puis couvrez et laissez frémir 1 h 45, en salant et poivrant en fin de cuisson ; le liquide doit être devenu consistant. Retirez le bouquet garni.

Versez le jus de citron, rectifiez l'assaisonnement et servez sur un plat chaud. Décorez avec l'oignon et le persil.

Pour 4 personnes

CI-DESSUS : *ragoût à la provençale ; fasolia*

Curry de haricots

500 g de haricots noirs ayant trempé une nuit
3 cuillères à soupe d'huile
2 oignons émincés
2 cuillères à café de cumin moulu
1 cuillère à café de garam massala
1 pincée de cayenne
1 cm de gingembre haché
4 gousses d'ail pilées
400 g de tomates
3 branches de céleri
1 cuillère à café de cardamome
1 cuillère à soupe de coriandre hachée

Égouttez les haricots, mettez-les dans une casserole, couvrez d'eau froide, portez à ébullition et laissez bouillir 10 minutes, puis couvrez et laissez frémir 1 h 30, en salant à la fin. Mettez de côté 30 cl de liquide de cuisson.

Faites chauffer l'huile dans une casserole, ajoutez et faites revenir les oignons. Ajoutez le cumin, le garam massala, le cayenne, le gingembre, l'ail, et tournez 1 minute. Ajoutez le liquide de cuisson, les haricots, les tomates écrasées, le céleri haché, les graines de cardamome, salez, couvrez et laissez frémir 45 minutes. Ajoutez la coriandre fraîche. Servez avec du riz et du raïta au concombre (page 101).

Pour 4 personnes

Curry de haricots ; ragoût de haricots ; tandoori de haricots

Tandoori de haricots

250 g de cornilles
2 gousses d'ail pilées
1 cuillère à soupe de sauce soja
2 cuillères à café de tandoori
2 cuillères à soupe de coriandre hachée
8 ciboules hachées
2 carottes râpées
sel et poivre
POUR COUVRIR :
1 cuillère à café de tandoori
50 g de chapelure

Faites tremper les cornilles une nuit, égouttez-les, mettez-les dans une casserole, couvrez d'eau, portez à ébullition et laissez bouillir 10 minutes, puis couvrez et laissez frémir 20-25 minutes. Égouttez-les et réduisez-les en purée.

Ajoutez le reste des ingrédients et mélangez bien. Séparez en 8 morceaux de forme ovale et environ 1 cm d'épaisseur. Mélangez le tandoori et la chapelure et couvrez-en les croquettes. Faites revenir dans de l'huile à friture chaude 4 minutes des deux côtés. Servez chaud.

Pour 4 personnes

Ragoût de haricots

175 g de haricots rouges ayant trempé une nuit
175 g de soissons ayant trempé une nuit
2 cuillères à soupe d'huile
2 oignons émincés
2 branches de céleri hachées
2 carottes émincées
2 gousses d'ail pilées
1 cuillère à soupe de farine complète
400 g de tomates
1 cuillère à soupe de concentré de tomates
1 bouquet garni
sel et poivre
POUR COUVRIR :
1 pain complet
50 g de beurre
1 gousse d'ail pilée
1 cuillère à soupe de persil haché
1 cuillère à soupe de graines de sésame

Égouttez les haricots, mettez-les dans des casseroles différentes, couvrez-les d'eau froide, portez à ébullition et laissez bouillir 10 minutes, puis couvrez et laissez frémir 1 heure. Égouttez-les et mettez de côté 15 cl de liquide de cuisson.

Faites chauffer l'huile dans une cocotte, ajoutez et faites revenir les oignons. Ajoutez le céleri, les carottes, l'ail et laissez revenir 4 minutes. Ajoutez et tournez la farine, puis ajoutez les tomates hachées, le reste des ingrédients, ainsi que les haricots et le liquide de cuisson. Couvrez et laissez cuire 1 heure au four (180°). Retirez le bouquet garni.

Pendant ce temps, coupez dans le pain 8 tranches de 1 cm d'épaisseur. Mélangez le beurre, l'ail, le persil, et étalez ce mélange sur un côté des tranches de pain.

Disposez-les, face non beurrée à la surface du ragoût, saupoudrez de graines de sésame et laissez 20 minutes au four (200°).

Pour 4 personnes

Pain de noix aux lentilles

1 cuillère à soupe d'huile
1 oignon haché
1 gousse d'ail écrasée
2 branches de céleri hachées
175 g de lentilles vertes
50 cl d'eau
125 g de noix moulues
50 g de chapelure de pain complet
2 cuillères à soupe de persil haché
1 cuillère à soupe de sauce soja
1 œuf battu
sel et poivre
thym pour décorer

Faites chauffer l'huile dans une casserole, ajoutez et faites revenir l'oignon. Ajoutez l'ail, le céleri, les lentilles, l'eau, portez à ébullition, couvrez et laissez frémir 50 à 60 minutes, en tournant de temps en temps et à découvert en fin de cuisson.

Ajoutez et mélangez bien les noix, la chapelure, le persil, la sauce soja, l'œuf, salez, poivrez.

Garnissez de papier huilé un moule à cake de 500 g, répartissez le mélange, couvrez de papier aluminium et faites cuire 45 à 50 minutes au four (190°).

Laissez 2 minutes dans le moule, puis démoulez sur un plat de service chaud. Décorez de thym.

Pour 6 personnes

Pain de légumes aux noisettes

2 cuillères à soupe d'huile
1 oignon haché
1 gousse d'ail pilée
2 branches de céleri hachées
1 cuillère à soupe de farine complète
20 cl de jus de tomate
125 g de noisettes grillées et moulues
2 carottes râpées
1 cuillère à soupe de sauce soja
2 cuillères à soupe de persil haché
1 œuf battu
sel et poivre

Faites chauffer l'huile dans une casserole, ajoutez et faites revenir l'oignon. Ajoutez et faites revenir 5 minutes l'ail et le céleri. Incorporez la farine, le jus de tomate, tournez jusqu'à ce que cela épaississe.

Mettez le reste des ingrédients dans une jatte, ajoutez le mélange précédent et tournez bien.

Versez dans un moule à cake de 500 g beurré, couvrez de papier aluminium et faites cuire 1 heure au four (180°).

Démoulez sur un plat de service chaud et servez avec une sauce tomate.

Pour 4 personnes

Pain de noix aux lentilles ; pain de légumes aux noisettes

Riz au curry

Riz au curry

250 g de riz complet
1 l d'eau
1 oignon coupé fin
2 branches de céleri coupées gros
250 g de tomates pelées et hachées
1/2 cuillère à café de sel
1 cuillère à café de curry (ou plus selon votre goût)
50 g de beurre fondu

Mettez le riz dans une cocotte et recouvrez-le d'eau. Laissez-le tremper 45 minutes.

Ajoutez les autres ingrédients et faites cuire 1 h 30 au four (180°) ; le riz doit être tendre et il doit avoir absorbé tout le liquide.

Pour 6 personnes

Croquettes aux noix de cajou

1 cuillère à soupe d'huile
1 oignon haché
1 branche de céleri
1 gousse d'ail pilée
75 g de champignons de Paris hachés
2 cuillères à café de coriandre
2 cuillères à soupe de farine
15 cl d'eau
1 cuillère à soupe de sauce soja
125 g de noix de cajou moulues
125 g de chapelure
2 cuillères à soupe de persil haché
sel et poivre
farine complète

Faites chauffer l'huile dans une casserole, ajoutez et faites revenir l'oignon. Ajoutez et tournez 5 minutes le céleri haché, l'ail et les champignons. Tournez 1 minute la coriandre, puis incorporez la farine. Hors du feu incorporez l'eau et la sauce soja. Ajoutez les noix de cajou, la chapelure, le persil, salez, poivrez. Divisez le mélange en 8 morceaux auxquels vous donnerez la forme de croquettes.

Passez-les dans la farine et faites-les revenir 2 minutes de chaque côté dans de l'huile à friture chaude. Servez avec une sauce tomate.

Pour 4 personnes

Tagliatelles aux fruits de mer

1 botte de brocolis
2 cuillères à soupe d'huile d'olive
1 cuillère à soupe de gingembre haché
2 gousses d'ail pilées
125 g de champignons de Paris émincés
250 g de coquilles Saint-Jacques
175 g de crevettes décortiquées
15 cl de vin blanc sec
30 cl de crème fraîche
1 cuillère à café de marjolaine et thym hachés
1 cuillère à soupe de persil haché
sel et poivre
500 g de tagliatelles vertes fraîches

Séparez les brocolis en bouquets et faites-les cuire à l'eau bouillante salée 1 minute. Laissez refroidir.

Faites chauffer l'huile dans une grande poêle, ajoutez le gingembre, l'ail, et laissez dorer légèrement. Ajoutez les champignons, les Saint-Jacques, les crevettes. Versez le vin et laissez bouillir à feu vif jusqu'à ce qu'il ne reste plus que 2 cuillères à soupe de liquide. Ajoutez la crème, les herbes, salez, poivrez.

Faites cuire les tagliatelles *al dente* : égouttez-les bien.

Ajoutez les brocolis à la sauce et faites-la réchauffer.

Disposez les tagliatelles dans un plat de service chaud, nappez de sauce et servez aussitôt.

Pour 4 à 6 personnes

Risotto aux légumes

4 cuillères à soupe d'huile
1 oignon haché
175 g de riz complet
3 gousses d'ail pilées
50 cl d'eau
1 cuillère à café de sel
2 branches de céleri hachées
1 poivron rouge émincé
250 g de champignons de Paris émincés
1 boîte (425 g) de haricots rouges
3 cuillères à soupe de persil haché
1 cuillère à soupe de sauce soja
50 g de noix de cajou
persil haché

Faites chauffer 2 cuillères à soupe d'huile dans une casserole, ajoutez et faites revenir l'oignon. Ajoutez le riz, 2 gousses d'ail et tournez 2 minutes. Ajoutez l'eau, le sel, portez à ébullition, tout en tournant. Couvrez et laissez frémir 30 à 40 minutes ; l'eau doit être absorbée.

Faites chauffer le reste d'huile dans une poêle, ajoutez et faites revenir 5 minutes le céleri et le poivron. Ajoutez les champignons, le reste d'ail et laissez revenir 3 minutes.

Ajoutez et mélangez le riz, les haricots, le persil, la sauce soja et les noix de cajou. Décorez de persil haché.

Pour 4 personnes

Tian

3 cuillères à soupe d'huile d'olive
1 oignon haché
2 gousses d'ail écrasées
500 g de courgettes hachées
250 g d'épinards cuits hachés
4 cuillères à soupe de riz complet cuit
3 œufs battus
50 g de gruyère râpé
sel et poivre
1 cuillère à soupe de chapelure complète
1 cuillère à soupe de parmesan râpé

Faites chauffer l'huile dans une poêle, ajoutez et faites revenir l'oignon. Ajoutez l'ail, les courgettes et laissez revenir 5 minutes, en tournant de temps en temps. Ajoutez les épinards, le riz, les œufs, le gruyère, salez, poivrez et mélangez bien.

Versez dans un moule à gratin en terre beurré, saupoudrez de chapelure et de parmesan.

Faites cuire 35 minutes au four (180°).

Accompagnez d'une salade verte et de pain complet.

Pour 4 personnes

Risotto aux légumes ; tian

Pain aux champignons

3 cuillères à soupe d'huile
1 oignon haché
2 branches de céleri hachées
2 gousses d'ail écrasées
250 g de cacahuètes moulues
125 g de chapelure de pain complet
250 g de pommes de terre cuites, en purée
1 œuf battu
1 cuillère à soupe de sauce soja
1 cuillère à soupe de concentré de tomates
2 cuillères à soupe de persil haché
sel et poivre
250 g de champignons de Paris émincés

Faites chauffer 1 cuillère à soupe d'huile dans une casserole, ajoutez et faites revenir l'oignon, le céleri et l'ail.

Dans une jatte mélangez les cacahuètes et la chapelure. Ajoutez le mélange précédent, la purée, l'œuf, la sauce soja, le concentré de tomates, le persil, salez, poivrez.

Faites chauffer le reste d'huile dans une casserole, ajoutez et faites revenir 2 minutes les champignons.

Beurrez un moule à cake de 1 kg, répartissez-y la moitié du mélange de la jatte, puis les champignons, puis le reste du mélange. Couvrez et faites cuire 1 heure au four (180°).

Laissez reposer 5 minutes, puis démoulez. Décorez de coriandre et accompagnez d'une sauce aux champignons.

Pour 4 à 6 personnes

Riz à l'espagnole

5 cuillères à soupe d'huile d'olive
1 oignon haché
1 gousse d'ail écrasée
250 g de riz
1 cuillère à café de tabasco
sel et poivre
130 g de chorizo coupé en dés
130 g de petits champignons de Paris
45 cl de bouillon de poule bouillant (environ)

Faites chauffer l'huile dans une cocotte et faites revenir l'oignon et l'ail.

Ajoutez le riz, le tabasco, salez et poivrez. Laissez cuire, tout en tournant, jusqu'à ce que le riz soit doré.

Ajoutez le chorizo et les champignons au mélange, puis du bouillon en quantité suffisante pour qu'il dépasse le riz de 2 cm ; mélangez bien.

Couvrez et faites cuire 30 minutes au four (180°) ; le riz doit être tendre et avoir absorbé le liquide.

Pour 4 personnes

Lentilles en cocotte

500 g de lentilles vertes
1 feuille de laurier
6 tranches de jambon coupées en lanières
1 branche de thym (ou 2 pincées)
sel et poivre
350 g de poulet cuit coupé en lanières
30 cl de bouillon de poule (environ)
25 g de chapelure
25 g de gruyère râpé

Mettez les lentilles dans une casserole avec la feuille de laurier et couvrez d'eau froide. Portez à ébullition et laissez mijoter une heure ; elles doivent être tendres. Égouttez et ôtez le laurier.

Disposez environ un tiers des lentilles dans une cocotte beurrée ; couvrez-les avec le jambon, saupoudrez la moitié du thym, salez et poivrez. Disposez un deuxième tiers de lentilles, couvrez avec le poulet, le reste de thym, salez et poivrez.

Mettez le reste des lentilles et versez le bouillon. Couvrez et faites cuire 30 minutes au four (180°). Mélangez la chapelure et le fromage ; saupoudrez-en le plat et laissez au four 15 minutes sans couvrir. Le plat doit être doré.

Pour 4 à 6 personnes

Tortellini sauce verte

125 g de beurre
250 d'épinards en branches, décongelés et hachés
sel et poivre
500 g de tortellini frais
125 g de ricotta
50 g de parmesan râpé

Faites chauffer la moitié du beurre dans une casserole, ajoutez et tournez les épinards. Salez, poivrez et laissez revenir les épinards 2 minutes, sans cesser de tourner.

Faites cuire les tortellini *al dente*. Égouttez-les et mélangez-les avec le reste du beurre.

Incorporez la ricotta et la moitié du parmesan dans les épinards, puis mélangez le tout avec les pâtes. Servez saupoudré du reste de parmesan.

Pour 4 personnes

Haricots à l'américaine

500 g de haricots ayant trempé une nuit
2 l d'eau
sel et poivre
75 g de sucre roux
1 cuillère à soupe de moutarde
125 g de poitrine demi-sel hachée
1 oignon moyen haché

Égouttez les haricots et mettez-les dans une casserole avec l'eau et 1/2 cuillère à café de sel. Portez à ébullition, couvrez et laissez mijoter 1 heure ; les haricots doivent être tendres. Égouttez-les et mettez l'eau de cuisson de côté.

Mélangez le sucre, la moutarde, 60 cl de l'eau de cuisson, salez et poivrez. Mettez les haricots, la poitrine et l'oignon dans une cocotte ; versez dessus le liquide sucré.

Couvrez et laissez cuire 4 heures au four (150°), en ajoutant un peu d'eau de cuisson si nécessaire.

Pour 6 à 8 personnes

Pâtes au poulet

2 cuillères à soupe d'huile
75 g de beurre
1 gros oignon haché
500 g de blanc de poulet
2-3 têtes d'ail séparées en gousses
30 cl de vin blanc sec
1 cuillère à café d'estragon haché
sel et poivre
125 g de champignons de Paris émincés
4 cuillères à soupe de persil haché
500 g de tagliatelles vertes fraîches
25 g de chapelure
25 g de parmesan râpé

Faites chauffer l'huile et 50 g de beurre dans une poêle, ajoutez et faites revenir l'oignon 2 minutes.

Coupez le poulet en morceaux de 5 cm et faites-les dorer dans la poêle. Ajoutez l'ail, le vin, l'estragon, salez, poivrez, portez à ébullition, couvrez et laissez frémir 30 minutes. Retirez l'ail, ajoutez les champignons et laissez cuire 2 minutes. Ajoutez le persil.

Faites cuire les pâtes *al dente*, égouttez-les et tournez-les dans le reste de beurre.

Mélangez-les avec la sauce, puis versez le tout dans un plat à four beurré, saupoudrez de chapelure et de parmesan, et faites cuire 20 à 25 minutes au four (200°). Servez aussitôt.

Pour 4 à 6 personnes

A GAUCHE : *pain aux champignons*
A DROITE : *tortellini sauce verte*

GÂTEAUX ET DESSERTS

Les salades de fruits au sirop, les mousses avec de la crème, du yaourt et du miel, les charlottes aux fruits, toute la gamme des puddings au pain complet et les autres desserts, sont des tentations auxquelles il est difficile de résister.

Vous trouverez ici des desserts convenant à tous les repas, qu'ils soient légers ou substantiels : rafraîchissants comme la salade exotique aux kiwis et au gingembre, ou la mousse originale aux mûres et aux pommes ; riches comme la charlotte aux pommes et aux poires, le pudding aux prunes ou les crêpes à l'abricot.

Dans ces recettes, on a limité la crème, le sucre, la farine blutée — riches en calories — et on a tiré le meilleur parti possible des fruits de saison, des noisettes et du yaourt très frais. Pour en adoucir la plupart, on a utilisé le sucre naturel des fruits, le miel et le jus de fruit : elles n'en sont que meilleures.

De nombreuses recettes, comme le sablé fourré aux dattes et aux pommes, le pudding estival et la salade de fruits rouges peuvent être confectionnées à l'avance, ce qui les rend idéales pour les réceptions. D'autres peuvent être préparées en un tournemain, comme la crème à la noisette, la mousse à l'orange et la salade de fruits frais.

Servez-les dans de jolis bols, de grands verres ou de la porcelaine joliment décorée et accompagnez-les de gaufrettes ou de biscuits, parsemez-les de noisettes concassées, de graines de pavot ou surmontez-les d'une élégante volute de yaourt onctueux.

Dessert rose

BISCUITS AUX AMANDES :
125 g de margarine végétale
50 g de sucre roux
125 g de farine complète
50 g d'amandes moulues, grillées
25 g d'amandes hachées
FROMAGE BLANC AUX FRAISES :
2 cuillères à soupe de miel liquide
175 g de fraises
175 g de fromage blanc

Travaillez en crème la margarine et le sucre. Ajoutez la farine et les amandes moulues.

Étalez cette pâte et garnissez-en un moule de 18 cm x 28 cm. Piquez-la, saupoudrez des amandes hachées et pressez-les sur la pâte. Faites cuire 30-35 minutes au four (180°). Laissez refroidir légèrement, puis découpez-y 20 biscuits. Laissez refroidir complètement avant de les sortir du moule.

Passez au mixeur le miel avec la moitié des fraises. Battez le fromage ; quand il est lisse, incorporez-le au mélange précédent. Coupez les fraises en rondelles, que vous répartirez dans des coupes individuelles, sauf quatre.

Répartissez le mélange dans les coupes, décorez avec les fraises et servez avec les biscuits.

Pour 4 personnes

NOTE : les biscuits se conservent dans une boîte hermétique

Yaourt à la banane et à l'abricot

125 g d'abricots secs hachés
300 g de yaourt nature
1 banane en rondelles
1 cuillère à soupe d'amandes effilées grillées

Mélangez dans une jatte les abricots avec le yaourt, couvrez et laissez une nuit au réfrigérateur.

Ajoutez la banane dans le mélange. Répartissez dans des coupes individuelles, saupoudrez d'amandes et servez.

Pour 4 personnes

Crème au whisky

25 g d'amandes hachées
25 g de flocons d'avoine
25 g de chapelure
15 cl de crème fraîche
3 cuillères à soupe de whisky
2 cuillères à soupe de miel liquide
150 g de yaourt nature

Mélangez les amandes, les flocons d'avoine, la chapelure ; posez sur une plaque à pâtisserie et faites dorer sous le gril en tournant souvent. Laissez refroidir.

Fouettez la crème, le whisky et le miel, pour qu'ils soient fermes, puis incorporez le yaourt et les amandes. Répartissez dans des coupes individuelles et laissez au réfrigérateur jusqu'au moment de servir.

Pour 6 personnes

Salade de kiwis

1 melon coupé en deux et épépiné
2 kiwis pelés et émincés
250 g de raisins blancs épépinés
15 g de gingembre confit émincé
2 cuillères à soupe de sirop de gingembre
4 cuillères à soupe de jus de pomme

Retirez délicatement la chair du melon, coupez-la en cubes et mélangez-les dans une jatte avec les kiwis, les raisins et le gingembre.

Mélangez le sirop de gingembre avec le jus de pomme, versez sur les fruits et servez dans des coupes individuelles.

Pour 4 personnes

Granola de pommes

500 g de pommes pelées, évidées et émincées
125 g de dattes hachées
30 cl de jus de pomme
1/2 cuillère à café de cannelle
15 cl de crème fraîche fouettée
75 g de granola (page 147)

Mettez dans une casserole les pommes, les dattes, le jus de pomme, la cannelle, couvrez et laissez cuire 10-15 minutes. Écrasez le tout à la fourchette, remettez le couvercle et laissez refroidir.

Répartissez la moitié dans 4 coupes individuelles, étalez dessus la moitié de la crème, puis les trois quarts du granola. Répétez en terminant par le granola.

Pour 4 personnes

Dessert rose ; crème au whisky ; yaourt à la banane et à l'abricot

Crumble aux noisettes

175 g d'abricots secs
125 g de pruneaux
125 g de figues sèches
50 g de pommes sèches
60 cl de jus de pomme
175 g de farine complète
75 g de margarine végétale
50 g de sucre roux
50 g de noisettes moulues

Mettez les fruits secs dans une jatte avec le jus de pomme et laissez mariner une nuit. Versez dans une casserole et laissez frémir 10-15 minutes. Versez dans un plat à four.

Dans une jatte mélangez la farine avec la margarine. Quand le mélange est grumeleux, ajoutez le sucre, les noisettes et versez sur les fruits. Faites cuire 25 à 30 minutes au four (200°). Accompagnez de yaourt onctueux (page 137).

Pour 6 personnes

VARIANTE : vous pouvez remplacer les noisettes par des amandes ou de la noix de coco râpée

Mousse à l'orange

25 g de miel
zeste râpé et jus de 1 orange
2 cuillères à café de jus de citron
300 g de yaourt nature
2 blancs d'œufs
morceaux de zestes d'orange

Mélangez le miel avec le jus d'orange et de citron. Incorporez le zeste râpé et le yaourt. Battez les blancs en neige très ferme et incorporez-les au mélange. Répartissez-le dans quatre coupes individuelles et décorez avec des zestes d'orange. Servez glacé.

Pour 4 personnes

NOTE : n'attendez pas plus de 1 heure, sinon le mélange se dissociera.

Crêpes aux abricots

PATE A CRÊPES :
50 g de farine de sarrasin
50 g de farine de blé complet
1 œuf battu
30 cl de lait
1 cuillère à soupe d'huile
huile
GARNITURE :
350 g d'abricots secs hachés ayant trempé 2 heures
45 cl de jus de pomme
POUR TERMINER :
2 cuillères à soupe de miel liquide
25 g d'amandes effilées grillées

Mettez les farines dans une jatte et faites un trou au centre. Ajoutez l'œuf, puis la moitié du lait et l'huile, en battant. Quand la pâte est lisse, ajoutez le reste de lait.

Faites chauffer 1 cuillère à café d'huile dans une poêle. Versez 1 cuillère à soupe de pâte, laissez cuire 10 secondes, puis faites cuire l'autre côté. Préparez le reste des crêpes.

Pour la garniture, mettez les abricots et le jus de pomme dans une casserole, couvrez et laissez cuire 10 minutes.

Répartissez la garniture sur les crêpes, roulez-les et disposez-les dans un plat à four. Faites chauffer le miel et badigeonnez-en les crêpes. Faites cuire 10-15 minutes au four (180°).

Saupoudrez d'amandes et accompagnez de yaourt onctueux (page 137).

Pour 4 personnes

A GAUCHE : *crumble aux noisettes*
A DROITE : *tourte aux pommes ; sablé aux dattes*

Tourte aux pommes

300 g de farine complète
150 g de margarine végétale
3-4 cuillères à soupe d'eau glacée
GARNITURE :
750 g de pommes pelées, évidées et émincées
2 cuillères à soupe de sucre roux
1 cuillère à café de cannelle
4 clous de girofle
50 g de raisins secs
POUR TERMINER :
1 cuillère à soupe de graines de sésame

Mélangez dans une jatte la farine et la margarine. Quand le mélange est grumeleux, ajoutez de l'eau pour obtenir une pâte homogène.

Pétrissez cette pâte et partagez-la en deux. Étalez un morceau et garnissez-en un moule à tourte de 20 cm de diamètre.

Répartissez dessus en couches successives les pommes, le sucre, les épices et les raisins. Badigeonnez les bords avec de l'eau.

Étalez le reste de pâte et posez-le sur la tourte. Faites bien adhérer les bords en les pressant, faites un trou au centre et laissez 20 minutes au réfrigérateur.

Badigeonnez d'eau, saupoudrez de graines de sésame et faites cuire 30 à 40 minutes au four (200°).

Pour 6 personnes

Sablé aux dattes

PATE :
75 g de margarine végétale
40 g de sucre roux
125 g de farine complète
75 g de noix du Brésil moulues
blanc d'œuf
1 cuillère à soupe de noix du Brésil hachées
GARNITURE :
3 cuillères à soupe de jus de pomme
500 g de pommes pelées et évidées
125 g de dattes hachées
1 cuillère à café de cannelle
15 cl de crème épaisse, fouettée

Travaillez en crème la margarine et le sucre, puis ajoutez la farine et les noix moulues. Pétrissez la pâte, divisez-la en deux et étalez-la en deux cercles de 20 cm de diamètre. Badigeonnez-en un de blanc d'œuf et saupoudrez de noix hachées.

Faites cuire 10 à 15 minutes au four (190°) et coupez celui couvert de noix en 8 portions, pendant qu'il est encore chaud. Laissez refroidir.

Dans une casserole couverte, faites cuire doucement le jus de pomme avec les pommes, environ 10 minutes, en tournant de temps en temps. Ajoutez les dattes, la cannelle, couvrez et laissez refroidir.

Étalez ce mélange sur le cercle de pâte, couvrez de crème et terminez avec les 8 triangles.

Pour 8 personnes

Salade de fruits chaude

175 g d'abricots secs
125 g de pruneaux d'Agen
125 g de figues sèches
125 g de pommes séchées
50 cl de jus de pomme
2 cuillères à soupe de Calvados
25 g de noix concassées

Mettez les fruits secs et le jus de pomme dans un saladier et laissez tremper toute une nuit. Versez-les dans une casserole et faites cuire sur feu doux 10 à 15 minutes. Transvasez dans un saladier en verre et ajoutez le calvados. Décorez avec les noix, servez immédiatement accompagné de yaourt nature.

Pour 6 personnes

NOTE : cette salade peut aussi être préparée à l'avance et servie froide.

Crème de noix de cajou

125 g de noix de cajou
15 cl de lait

Passez les ingrédients au mixeur, puis mettez à glacer au réfrigérateur.

Pour environ 15 cl de crème

Pommes dorées

2 grosses pommes pelées, évidées et hachées
50 g de sucre roux
50 g de beurre
jus de 1/2 citron
2 tranches de pain rassis, la croûte ôtée, coupées en cubes
4 cuillères à soupe de crème fraîche, légèrement fouettée

Saupoudrez les pommes avec le sucre roux et mélangez bien.

Faites fondre la moitié du beurre dans une poêle et faites-y revenir rapidement les pommes. Transférez-les sur un plat de service chaud, à l'aide d'une écumoire. Saupoudrez de jus de citron et tenez au chaud.

Faites fondre le reste de beurre dans la poêle et faites-y dorer les cubes de pain.

Ajoutez-les aux pommes et mélangez bien. Servez aussitôt avec la crème fouettée.

Pour 4 personnes

Oranges fourrées

2 grosses oranges
1 pomme épluchée et hachée
1 cuillère à soupe de raisins secs
1 cuillère à soupe de dattes hachées
1 cuillère à soupe de poudre de noisettes
1 cuillère à soupe de sucre roux
10 cl de crème fraîche
1 cuillère à café de sucre glace

Coupez les oranges en deux et ôtez délicatement leur chair, sans abîmer l'écorce. Mettez les écorces de côté.

Coupez la chair en petits morceaux, ôtez les pépins et mélangez-la dans une jatte avec la pomme, les raisins, les dattes, les noisettes et le sucre roux. Répartissez ce mélange dans les écorces.

Fouettez la crème avec le sucre glace et répartissez-la sur les oranges. Mettez à glacer avant de servir.

Pour 4 personnes

Salade de fruits à l'italienne

50 cl de jus d'orange
zeste râpé de 2 citrons
6 cuillères à soupe de jus de citron
125 g de cerises noires (ou amarenas)
1 melon
3 bananes
4 nectarines
3 pêches
125 g d'abricots
4 pommes vertes
2 poires
125 g de raisin blanc
25-50 g de sucre en poudre
10 cuillères à soupe de marasquin

Mettez dans une jatte le jus d'orange, le zeste et le jus de citron.

Ajoutez successivement les cerises dénoyautées, le melon en petites boules, les bananes coupées en rondelles, les nectarines, les pêches et les abricots coupés en tranches, les pommes et les poires évidées et coupées en tranches, les grains de raisin épépinés ; tournez bien.

Saupoudrez de sucre et versez le marasquin. Tournez, couvrez et laissez 1 heure au réfrigérateur.

Pour 15 personnes

Yaourt onctueux

2 blancs d'œufs
3 cuillères à soupe de miel liquide
300 g de yaourt nature

Battez les blancs d'œufs en neige très ferme, puis battez-y le miel. Incorporez délicatement dans le yaourt et servez aussitôt.
Pour environ 45 cl

Charlotte aux fruits rouges

500 g de mûres et cassis mélangés
3 cuillères à soupe de miel liquide
125 g de framboises
125 g de fraises
8 tranches de pain complet, sans la croûte

Mettez les mûres, les cassis et le miel dans une casserole, et faites cuire à feu doux 10-15 minutes, en tournant de temps en temps. Ajoutez les framboises et les fraises, et laissez refroidir. Filtrez le jus de cuisson et mettez-le de côté.

Coupez 3 cercles de pain pour garnir le fond, le milieu et le haut d'un moule à charlotte ; le reste garnira les bords du moule. Faites tremper le pain dans le jus de cuisson.

Disposez un cercle sur le fond du moule, puis disposez le pain sur les bords. Versez la moitié des fruits, couvrez d'un cercle de pain, versez le reste de fruits que vous couvrirez du dernier cercle de pain. Repliez vers le centre le pain qui dépasse.

Couvrez d'une petite assiette et posez dessus un poids. Laissez une nuit au frais.

Démoulez sur un plat et accompagnez de yaourt onctueux (voir ci-dessus).
Pour 8 personnes

Yaourt onctueux ; charlotte aux fruits rouges ; crème de noix de cajou

Coupe flocons d'avoine

40 g d'amandes en poudre
40 g de flocons d'avoine moyens
25 g de sucre roux en poudre
zeste râpé et jus de 1/2 citron
150 g de yaourt nature
15 cl de crème fraîche fouettée
1 cuillère à soupe d'amandes effilées grillées

Mélangez la poudre d'amandes et les flocons d'avoine. Étalez ce mélange sur une tôle et mettez sous le gril préchauffé 2 minutes, en remuant souvent. Laissez refroidir.

Mélangez le sucre au zeste et au jus de citron, ajoutez le yaourt, le mélange d'amandes, incorporez cette préparation à la crème.

Répartissez dans des coupes et gardez au frais jusqu'au moment de servir. Décorez avec les amandes.

Pour 4 personnes

Coupe flocons d'avoine

Salade de fruits rouges

2 cuillères à soupe de miel liquide
15 cl de vin rouge
15 cl de jus d'orange
250 g de cassis
250 g de fraises
250 g de framboises
1 cuillère à soupe de fécule

Versez le miel, le vin et le jus d'orange dans une casserole. Ajoutez les cassis, portez à ébullition, couvrez et laissez frémir 10 minutes, jusqu'à ce qu'ils soient tendres.

Égouttez-les, en réservant le sirop. Mettez les cassis dans une coupe en verre avec les autres fruits.

Remettez le sirop dans la casserole et portez à ébullition. Délayez la fécule dans un peu d'eau et versez dans le sirop. Faites cuire, en remuant, jusqu'à ce qu'il soit transparent. Nappez-en les fruits ; laissez refroidir avant de mettre au frais. Servez avec de la crème fouettée.

Pour 8 personnes

Poires au vin rouge

1 boîte (500 g) de poires, coupées en deux
30 cl de vin rouge
2 cuillères à café de cannelle
50 g de dattes hachées

Égouttez les poires et mettez de côté 15 cl de jus. Mettez-les avec le vin, les 15 cl de jus de poire et la cannelle, dans une casserole. Portez à ébullition, puis baissez le feu, couvrez et laissez mijoter 10 minutes.

Ajoutez les dattes, ôtez du feu et laissez refroidir. Servez glacé.

Pour 4 personnes

Bananes au four

50 g de beurre
2 cuillères à soupe de sucre roux
2 cuillères à soupe de jus de citron
4 bananes
2 cuillères à soupe de rhum brun

Mettez le beurre, le sucre roux et le jus de citron dans une cocotte. Mettez-la quelques minutes à feu doux, jusqu'à ce que le sucre soit fondu.

Coupez les bananes en gros morceaux et disposez-les dans la cocotte, puis tournez-les afin qu'elles soient bien nappées de jus. Ajoutez le rhum, couvrez et remettez au four 30 minutes.

Servez chaud, avec de la crème si vous le souhaitez.

Pour 4 personnes

Glace au cassis

1,5 kg de cassis frais ou congelés
500 g de sucre en poudre
1 l d'eau
zeste râpé et jus de 1 citron
1,25 l de crème fraîche légèrement fouettée

Mettez les cassis dans une casserole avec le sucre, l'eau, le zeste et le jus de citron. Portez à ébullition, couvrez et laissez frémir 10 à 15 minutes.

Laissez refroidir, passez au mixeur, puis à travers un tamis. Incorporez la crème à cette purée.

Versez le mélange dans un récipient en polyethylène et laissez au congélateur jusqu'à ce que cela soit devenu ferme. Retirez du congélateur et fouettez. Remettez 2 heures au congélateur et fouettez à nouveau. Fermez le récipient, remettez au congélateur et laissez congeler.

Transférez au réfrigérateur 30 minutes avant de servir.

Pour 12 à 16 personnes

Salade d'oranges

6 grosses oranges
2 cuillères à soupe de gin
125 g de sucre

Détachez le zeste d'une orange et coupez-le en fines lanières. Pelez les autres oranges, ôtez les parties blanches, coupez-les en rondelles et mettez-les dans une jatte. Arrosez de gin.

Mettez le sucre et les lanières dans une casserole et faites chauffer doucement ; tournez jusqu'à ce que le sucre soit fondu. Quand il caramélise, versez rapidement sur les oranges.

Laissez 30 minutes, puis mettez à glacer.

Pour 6 personnes

Salade de fruits frais

Salade de fruits frais

2 cuillères à soupe de miel liquide
12 cl d'eau
zeste et jus de 1 citron
1 pomme rouge
1 poire
1 banane
1 petit ananas
2 oranges
125 g de raisin noir coupé en deux et épépiné
125 g de fraises émincées

Mettez le miel, l'eau et le zeste de citron dans une petite casserole. Portez à ébullition, laissez frémir 2 minutes, passez et laissez refroidir. Ajoutez le jus de citron.

Émincez la pomme, la poire et la banane dans un saladier, versez le sirop et remuez pour bien enrober les fruits.

Pelez l'ananas, jetez le cœur fibreux et détaillez-en la chair. Pelez à vif les oranges et séparez les quartiers. Mettez dans le saladier avec ananas, raisin et fraises. Mélangez bien.

Transférez dans une coupe en verre et laissez au frais. Servez avec de la crème fouettée.

Pour 8 personnes

Mousse glacée au caramel

125 g de sucre
25 g de beurre
1 pincée de sel
10 cl d'eau
4 jaunes d'œufs
25 cl de crème fraîche
1 cuillère à café d'extrait de vanille

Mettez le sucre, le beurre et le sel dans une casserole à feu doux et remuez jusqu'à ce que le sucre soit dissous, puis portez à ébullition et laissez bouillir 1 minute. Ajoutez l'eau et laissez cuire pour obtenir un mélange homogène et sirupeux.

Battez les œufs dans une jatte allant au feu. Battez peu à peu le sirop dedans, puis mettez-la au bain-marie ; fouettez pour obtenir une mousse. Laissez refroidir.

Fouettez la crème avec la vanille jusqu'à ce qu'elle soit ferme. Incorporez-la au mélange. Versez dans un moule et mettez au freezer ; 30 minutes avant de servir, placez-le dans le réfrigérateur. Pour démouler, plongez rapidement le fond du bac dans de l'eau très chaude et renversez-le sur le plat de service ; servez avec des fruits.

Pour 6 personnes

Mousse glacée au caramel

Oranges au caramel

8 petites oranges
250 g de sucre
15 cl d'eau froide
15 cl d'eau chaude

Détachez le zeste d'une orange et coupez-le en lamelles fines. Blanchissez-le 1 minute à l'eau bouillante, égouttez-le et essuyez-le.

Pelez les oranges, épépinez-les, coupez-les en rondelles fines maintenues ensemble avec une pique-cocktail. Répartissez-les dans des coupes individuelles.

Chauffez doucement le sucre et l'eau froide dans une casserole ; quand le sucre est dissous, faites bouillir rapidement pour qu'il prenne une couleur caramel foncé. Ajoutez l'eau chaude, puis laissez refroidir.

Versez le caramel sur les oranges, décorez avec le zeste et mettez à glacer au réfrigérateur.

Pour 2 personnes

Coupes caramélisées au cassis

500 g de cassis
1 cuillère d'eau
1 cuillère de miel
15 cl de crème fraîche
25 g de sucre roux
15 g d'amandes effilées

Équeutez les cassis et lavez-les soigneusement ; versez-les dans une casserole avec une cuillère d'eau et faites cuire jusqu'à ce que les baies soient tendres ; ajoutez du miel selon votre goût.

Répartissez les fruits dans quatre coupes allant au four et placez-les dans le réfrigérateur ; laissez-les suffisamment longtemps pour que les cassis soient rafraîchis à cœur.

Nappez de crème, saupoudrez de sucre et répartissez les amandes à la surface ; passez sous le gril afin que le sucre caramélise et que les amandes prennent une couleur dorée. Servez aussitôt.

Pour 4 personnes

Bavaroise à la fraise

250 g de fromage blanc
150 g de yaourt nature
250 g de fraises écrasées
3 cuillères à café de gélatine
3 cuillères à soupe d'eau
un peu de miel
2 blancs d'œufs
125 g de fraises coupées en tranches pour décorer

Mélangez le fromage blanc, le yaourt et les fraises écrasées.

Faites dissoudre la gélatine avec de l'eau dans une jatte au bain-marie. Laissez refroidir un peu, puis incorporez au mélange et sucrez à votre goût d'un peu de miel.

Battez les blancs d'œufs en neige très ferme ; incorporez-les au mélange que vous verserez dans un moule à fond amovible. Mettez à glacer jusqu'à ce que le tout soit pris.

Démoulez sur un plat de service et décorez avec les tranches de fraises.

Pour 6 personnes

Salade d'abricots et de bananes

125 g d'abricots secs
2 bananes
2 cuillères à café de jus de citron
25 g de raisins secs
150 g de yaourt nature
noix de muscade râpée

Faites tremper les abricots une nuit dans de l'eau.

Coupez les bananes en rondelles et tournez-les dans le jus de citron. Mettez les abricots dans une jatte avec un peu du liquide dans lequel ils ont trempé. Ajoutez les bananes et les raisins, puis répartissez-les dans quatre coupelles. Sucrez le yaourt si vous le souhaitez, nappez-en les fruits et saupoudrez de noix de muscade. Mettez à glacer avant de servir.

Pour 4 personnes

Crème allégée

La crème fouettée est un délice, mais sa teneur en matières grasses est élevée. Ne vous en privez pourtant pas pour décorer ou enrichir vos desserts — fruits, puddings, charlottes et autres — mais incorporez un blanc d'œuf battu en neige ou 15 cl de yaourt nature à 30 cl de crème fouettée.

Pour varier couleurs et saveurs utilisez des yaourts aux fruits et ajoutez une cuillère à café de miel.

Mousse cassis-pommes

250 g de cassis
250 g de pommes pelées et coupées en tranches
6 cuillères à soupe d'eau
un peu de miel
3 cuillères à café de gélatine
1 cuillère à soupe de jus de citron
2 blancs d'œufs
POUR DÉCORER :
10 cl de crème fraîche fouettée (facultatif)
quelques grains de cassis

Lavez les cassis et mettez-les dans une casserole avec les pommes et 2 cuillères à soupe d'eau. Laissez cuire doucement, jusqu'à ce que les fruits soient moelleux, puis sucrez à votre goût avec du miel. Laissez refroidir et passez-les au tamis.

Dans une jatte au bain-marie, faites dissoudre la gélatine dans le reste d'eau. Ajoutez le jus de citron et laissez refroidir. Incorporez la gélatine à la compote.

Battez les blancs d'œufs en neige très ferme et incorporez-les délicatement au mélange. Répartissez dans quatre ramequins et laissez prendre.

Décorez avec de la crème fouettée et des grains de cassis.

Pour 4 personnes

Groseilles meringuées

500 g de groseilles à maquereau
1 cuillère à soupe d'eau
un peu de miel
2 blancs d'œufs
75 g de sucre en poudre

Équeutez les groseilles et lavez-les. Mettez-les dans une casserole avec l'eau. Faites cuire doucement jusqu'à ce que les fruits soient tendres, puis sucrez-les à votre goût avec du miel. Disposez-les dans un plat à four.

Battez les blancs en neige et incorporez la moitié du sucre. A l'aide d'une cuillère en métal, ajoutez le reste de sucre. Disposez les blancs d'œufs sur les groseilles. Passez-les 15 minutes au four (180°). La meringue doit commencer à prendre couleur.

Pour 4 personnes

Crumble pommes-poires

250 g de pommes
250 g de poires
zeste râpé de 1 citron
1/2 cuillère à café de cannelle
1 cuillère à soupe d'eau
1 cuillère à soupe de miel
POUR COUVRIR :
50 g de muesli
25 g de flocons d'avoine
25 g de cornflakes écrasés

Pelez et coupez les pommes et les poires en rondelles. Mettez-les avec le zeste de citron, la cannelle et l'eau dans une casserole. Faites cuire doucement jusqu'à ce que les fruits soient tendres. Ajoutez le miel et mettez le tout dans un plat à four.

Mélangez le muesli, les flocons d'avoine et les cornflakes, puis répartissez le mélange sur les fruits. Faites cuire 15 minutes dans un four préchauffé à 190°. La surface doit être croustillante.

Pour 4 personnes

Prunes à la cannelle

250 g de prunes
1 cuillère à café de cannelle en poudre
2 jaunes d'œufs
300 g de yaourt nature
1/2 cuillère à café d'extrait de vanille
1 cuillère à soupe de miel
25 g de cornflakes écrasés

Coupez les prunes en deux, dénoyautez-les et répartissez-les dans quatre ramequins. Saupoudrez-les de 1/2 cuillère à café de cannelle.

Battez les jaunes d'œufs et le yaourt, la vanille et le miel, puis nappez-en les prunes.

Faites cuire 30 minutes au bain-marie au four (180°) ; cela doit être pris. Saupoudrez de cornflakes et du reste de cannelle, et servez froid ou chaud.

Pour 4 personnes

Poires aux épices

20 cl de cidre brut
2 cuillères à café de jus de citron
1/2 cuillère à café de cannelle
1 pincée de noix de muscade
zeste râpé de 1 orange
1 cuillère à soupe de miel

Mettez le cidre, le jus de citron, la cannelle, la noix de muscade et le zeste d'orange dans une casserole. Portez à ébullition, couvrez et laissez mijoter 5 minutes. Pelez les poires, coupez-les en deux et évidez-les. Faites-les pocher 20 à 30 minutes dans le liquide. Ajoutez le miel.

Disposez les poires sur un plat et nappez-les de jus. Servez chaud ou froid avec du yaourt nature ou un peu de crème fraîche.

Pour 4 personnes

A GAUCHE : *crumble pommes poires*
A DROITE : *fruits à la crème caramélisée*

Sorbet à l'ananas

1 boîte d'ananas en morceaux (400 g)
50 g de sucre en poudre
1 cuillère à soupe de jus de citron
300 g de yaourt nature

Égouttez l'ananas et mettez le jus dans une casserole. Ajoutez le sucre, le jus de citron et faites chauffer jusqu'à ce que le tout soit dissous. Laissez refroidir, puis ajoutez la yaourt.

Placez le mélange au congélateur jusqu'à ce qu'il soit pris. Sortez du congélateur et incorporez les morceaux d'ananas. Remettez dans la boîte, couvrez et laissez au congélateur jusqu'à ce que cela soit solidifié.

Mettez le sorbet au réfrigérateur 1 heure avant de le servir.

Pour 6 personnes

Crumble aux prunes

1 kg de prunes dénoyautées
30 cl d'eau
25 g de sucre
175 g de chapelure de pain complet
50 g de sucre roux
50 g de beurre
POUR SERVIR :
15 cl de crème fouettée
15 g d'amandes effilées (facultatif)

Faites cuire doucement les prunes, l'eau et le sucre ; elles doivent être tendres. Laissez refroidir. Mélangez la chapelure et le sucre. Faites fondre le beurre dans une poêle et faites-la dorer ; laissez refroidir. Disposez en couche alternée dans un plat à gratin les prunes et la chapelure.

Faites cuire 30 minutes au four (190°). Recouvrez d'une épaisse couche de crème et saupoudrez d'amandes, si vous les aimez.

Pour 6 personnes

Fruits à la crème caramélisée

3 cuillères à soupe de sucre roux
6 cuillères à soupe d'eau
1 cuillère à soupe de jus de citron
750 g à 1 kg de fruits de saison (fraises, pêches, bananes, poires, pommes, raisins) émincés
30 cl de crème fraîche
3 cuillères à soupe de sucre

Faites dissoudre le sucre dans l'eau dans une petite casserole à feu doux, puis ajoutez le jus de citron et ôtez du feu.

Disposez les fruits dans un plat à four et arrosez-les de sirop de sucre. Pressez les fruits afin que la surface soit lisse. Battez la crème jusqu'à ce qu'elle soit ferme et répartissez-la sur les fruits. Mettez à glacer jusqu'au moment de servir.

Saupoudrez alors la crème de sucre et passez sous le gril jusqu'à ce qu'il soit fondu. Servez aussitôt.

Pour 4 à 6 personnes

PAINS, BISCUITS ET GÂTEAUX SECS

La boulangerie naturelle, qui utilise des céréales et des farines complètes, des noisettes et diverses graines, des fruits secs et des fruits frais, du miel, de la mélasse et du sucre roux, est un facteur de santé, notamment parce qu'elle facilite la digestion.

Naturels, légers, délicieusement croquants, les pains, cakes, biscuits, gâteaux secs et friandises diverses, dont les recettes suivent, sont savoureux et nutritifs, mais ils ne pèsent pas sur l'estomac.

Ceux qui les découvrent sont immédiatement frappés par leur belle couleur dorée et ne tardent pas à apprécier la saveur délicate que donne le sucre naturel, au contraire du sucre blanc extrêmement raffiné. Le goût de noisette et la texture inimitable de ces préparations vient du choix des farines complètes dont le son, riche en fibres alimentaires, n'a pas été éliminé.

Les recettes de la boulangerie naturelle sont peu différentes de celles de la boulangerie traditionnelle et les mêmes règles s'appliquent à leur préparation et à leur cuisson. La farine complète nécessite davantage de liquide, mais n'omettez pas, si vous la tamisez, de réintroduire dans votre pâte le son qui serait resté dans le tamis.

Si vous craignez de ne pas savoir utiliser avec succès la farine complète et le sucre naturel, commencez par remplacer la moitié de la farine blanche et la moitié du sucre raffiné.

Petits biscuits au sésame

175 g de farine complète
1 pincée de sel
50 g de flocons d'avoine
1 cuillère à café de levure chimique
75 g de margarine végétale
1 cuillère à soupe d'extrait de malt
2 cuillères à soupe de lait
25 g de graines de sésame

Mettez la farine, le sel et les flocons d'avoine dans une jatte et ajoutez la levure. Incorporez la margarine.

Fouettez ensemble l'extrait de malt et le lait, puis incorporez-les dans la jatte ainsi que les graines de sésame.

Étalez la pâte obtenue en une mince épaisseur sur une surface farinée et découpez-y des cercles de 6 cm de diamètre.

Posez-les sur une plaque à pâtisserie et faites-les cuire 12-15 minutes au four (190°). Laissez-les refroidir sur une grille. Servez avec du fromage.

Pour 20 à 24 biscuits

Pain complet

1,5 kg de farine complète
1 cuillère à soupe de sel
25 g de levure de boulanger
1 l d'eau chaude
2 cuillères à soupe d'extrait de malt
2 cuillères à soupe d'huile
1 cuillère à soupe de graines de sésame

Tamisez la farine et le sel dans une jatte. Délayez la levure dans un peu d'eau et laissez-la devenir mousseuse. Ajoutez-la à la farine avec le reste d'eau, l'extrait de malt, l'huile, et mélangez jusqu'à ce que la pâte soit homogène.

Pétrissez-la sur un plan de travail fariné 10 minutes. Mettez-la dans une jatte, couverte d'un linge humide, et laissez-la doubler de volume dans un endroit chaud (environ 2 heures).

Pétrissez-la quelques minutes sur un plan de travail fariné, puis séparez-la en deux morceaux que vous disposerez dans des moules à cake beurrés de 1 kg. Badigeonnez d'eau, saupoudrez de graines de sésame.

Couvrez d'un linge et laissez lever à température douce, environ 30 minutes, jusqu'à ce que la pâte atteigne les bords du moule. Faites cuire 15 minutes au four à 220° puis 25 minutes à 190°. Démoulez sur une grille et laissez refroidir.

Pour 2 pains de 1 kg

Petits pains complets : préparez la moitié de la pâte en remplaçant la moitié de l'eau par du lait chaud. Divisez la pâte en 12 morceaux que vous étalerez en cercles de 10 cm de diamètre. Saupoudrez des graines de sésame ou de farine. Couvrez et laissez doubler de volume. Faites cuire 15 minutes au four (220°). Laissez refroidir sur une grille.

A GAUCHE : *pain complet ; petits biscuits au sésame*
A DROITE : *granola ; miche au malt*

Granola

12 cl d'huile de carthame
10 cl d'extrait de malt
10 cl de miel liquide
500 g de flocons d'avoine
125 g de noisettes
25 g de noix de coco râpée
50 g de graines de tournesol
25 g de graines de sésame

Faites fondre à feu doux l'huile, l'extrait de malt et le miel. Incorporez le reste des ingrédients.

Versez dans une grande poêle et faites cuire 30-35 minutes au four (190°), en tournant. Laissez refroidir, puis séparez en morceaux à conserver dans un récipient hermétique.

Pour 1 kg de granola

Miche au malt

250 g de blé concassé
300 g de farine complète
1 cuillère à café de sel
15 g de levure de boulanger
30 cl d'eau chaude
1 cuillère à soupe d'extrait de malt
1 cuillère à soupe d'huile
blé concassé pour saupoudrer

Mélangez le blé, la farine et le sel dans une jatte. Délayez la levure dans un peu d'eau. Quand elle mousse, ajoutez-la à la farine avec le reste d'eau, le malt et l'huile.

Pétrissez la pâte 5 minutes et laissez-la au chaud, couverte d'un linge humide, jusqu'à ce qu'elle double de volume.

Pétrissez-la quelques minutes et donnez-lui la forme d'un cercle de 18 cm que vous aplatirez légèrement. Posez-la sur une plaque beurrée, badigeonnez d'eau et saupoudrez de blé. Couvrez et laissez doubler de volume au chaud, environ 30 minutes.

Faites cuire 25 à 30 minutes au four(220°) ; le pain doit sonner creux. Laissez refroidir sur une grille.

Pour 1 miche de pain

Petits pains : divisez la pâte levée en 10 morceaux et procédez comme ci-dessus.

Pain de seigle

350 g de farine de seigle
500 g de farine de blé complet
2 cuillères à café de sel
25 g de levure de boulanger
50 cl d'eau chaude
2 cuillères à soupe de mélasse
2 cuillères à soupe d'huile
lait pour badigeonner
1 cuillère à café de graines de cumin

Mélangez dans une terrine les farines et le sel. Délayez la levure de boulanger dans un peu d'eau, laissez mousser. Ajoutez ce mélange aux farines avec le reste de l'eau, la mélasse et l'huile, et battez pour obtenir une pâte ferme. Pétrissez-la sur une planche farinée, pendant 5 minutes. Mettez-la en boule dans une jatte, recouvrez-la d'un torchon humide et laissez lever au chaud pendant 2 heures, jusqu'à ce qu'elle ait doublé de volume.

Pétrissez quelques minutes sur une planche farinée, partagez en deux pains ovales et posez ceux-ci sur une tôle huilée. Piquez avec une fourchette en 8 ou 9 endroits, laissez lever au chaud 1 h 30.

Badigeonnez avec le lait, saupoudrez de graines de cumin, mettez au four, à 220°, pendant 15 minutes. Baissez à 190° et laissez cuire 30 à 40 minutes de plus, jusqu'à ce que les pains résonnent quand on les frappe.

Pour 2 pains

Pain aux deux céréales

1,5 kg de farine complète
50 g de flocons d'avoine fins
1 cuillère à soupe de sel
25 g de levure de boulanger
1 l d'eau chaude
2 cuillères à soupe d'extrait de malt
2 cuillères à soupe d'huile
2 cuillères à soupe de flocons d'avoine

Mettez dans une terrine la farine, les flocons d'avoine fins, le sel. Délayez la levure dans un peu d'eau, laissez-la mousser. Ajoutez-la à la farine avec le reste de l'eau, l'extrait de malt et l'huile.

Pétrissez sur une planche farinée 8 à 10 minutes, jusqu'à ce que la pâte soit souple et élastique. Mettez-la dans une jatte, recouvrez d'un torchon humide et laissez lever 2 heures environ dans un endroit tiède, jusqu'à ce qu'elle ait doublé de volume. Pétrissez sur une planche farinée quelques minutes encore, divisez la pâte en 4 pains que vous mettrez dans 4 moules à cake. Badigeonnez avec un peu d'eau et parsemez de flocons d'avoine.

Couvrez et laissez lever au chaud 30 minutes environ, pour que la pâte atteigne le bord des moules ; mettez au four à 220°, 15 minutes.

Baissez à 190°, laissez cuire 20 à 25 minutes, jusqu'à ce que les pains résonnent quand on les frappe.

Pour 4 pains de 500 g

CI-DESSUS : *pain de seigle ; pain aux deux céréales*

Baguette de pain complet

500 g de farine complète
1 cuillère à café de sel
15 g de levure de boulanger
30 cl d'eau chaude
2 cuillères à soupe d'extrait de malt
1 cuillère à soupe d'huile
blé concassé pour décorer

Mélangez la farine et le sel dans une terrine.

Délayez la levure dans un peu d'eau, et laissez-la mousser. Ajoutez à la farine avec le reste de l'eau, l'extrait de malt et l'huile, faites une pâte souple.

Pétrissez sur une planche farinée pendant 5 minutes, jusqu'à ce que la pâte soit souple et élastique. Mettez-la dans une jatte, recouverte d'un torchon humide, laissez-la lever dans un endroit tiède pendant 1 h 30 environ.

Pétrissez sur la planche farinée pendant quelques minutes encore, donnez la forme d'une longue baguette et placez celle-ci sur une tôle huilée. Faites des fentes obliques sur toute la longueur, badigeonnez à l'eau et saupoudrez de blé concassé. Couvrez et laissez lever au chaud pendant 30 minutes environ.

Mettez au four (220°) 25 à 30 minutes, jusqu'à ce que la baguette résonne quand on la frappe.

Pour 1 baguette

Pain aux herbes et à l'oignon

750 g de farine complète
2 cuillères à café de sel
15 g de levure de boulanger
45 cl d'eau
1 gros oignon en lamelles
1,5 cuillère à soupe de chaque herbe : persil et thym hachés
1 cuillère à soupe d'huile
1 cuillère à soupe de graines de sésame

Mélangez dans une terrine la farine et le sel. Délayez la levure dans un peu d'eau, laissez-la mousser. Ajoutez à la farine avec le reste de l'eau, l'oignon, les herbes et l'huile.

Pétrissez cette pâte sur une planche farinée 8 à 10 minutes, jusqu'à ce que la pâte soit souple et élastique. Mettez-la dans une jatte, recouvrez d'un torchon humide et laissez lever au chaud pendant 1 h 30 environ.

Pétrissez quelques minutes sur la planche farinée, faites une grosse boule que vous poserez sur une tôle huilée. Badigeonnez d'un peu d'eau et saupoudrez de graines de sésame. Couvrez et laissez lever au chaud pendant 30 minutes environ.

Mettez au four à 220°, pendant 15 minutes. Baissez à 190°, laissez encore 20 à 25 minutes jusqu'à ce que le pain résonne quand on le frappe.

Pour 1 pain

Baguette de pain complet ; pain aux herbes et à l'oignon

Pain de seigle léger

250 g de farine de seigle
500 g de farine de blé complet
2 cuillères à café de sel fin de mer
15 g de levure de boulanger
45 cl d'eau chaude
2 cuillères à soupe d'huile
lait pour badigeonner
1 cuillère à café de graines de carvi

Mélangez les farines et le sel dans une jatte. Délayez la levure dans un peu d'eau. Quand elle est mousseuse, ajoutez-la à la farine avec le reste d'eau, l'huile, et mélangez pour obtenir une pâte lisse.

Pétrissez-la 5 minutes. Couvrez-la d'un linge humide et laissez-la doubler de volume (environ 2 heures).

Pétrissez-la quelques minutes et séparez-la en 2 morceaux ovales que vous poserez sur des plaques beurrées. Piquez-les et laissez-les doubler de volume (environ 30 minutes) au chaud.

Badigeonnez-les de lait, saupoudrez de graines de carvi et faites cuire 10 minutes au four à 220°, puis 30 minutes à 190°. Laissez refroidir sur une grille.

Pour 2 pains.

Natte au sarrasin : remplacez la farine de seigle par de la farine de sarrasin.

Coupez la pâte en 2, puis chaque morceau en 3 portions égales. Donnez à chaque morceau la forme d'un long boudin. Humidifiez l'extrémité de 3 boudins avec de l'eau, pressez-les ensemble, puis tressez-les comme une natte, humidifiez les autres extrémités et pressez-les. Faites la même chose avec les 3 autres. Saupoudrez les nattes de farine de sarrasin.

Laissez doubler de volume (environ 30 minutes), au chaud. Faites cuire 10 minutes au four à 220°, puis 20 minutes à 190°. Laissez refroidir sur une grille

Pain de seigle léger ; natte au sarrasin

Gâteau au muesli

175 g de muesli
125 g de mélasse
175 g de raisins de Corinthe
2 cuillères à soupe d'extrait de malt
25 cl de jus de pomme
2 pommes râpées
175 g de farine complète
3 cuillères à café de levure chimique
8 cerneaux de bois

Mettez dans un saladier le muesli, la mélasse, les raisins de Corinthe, l'extrait de malt et le jus de pomme, laissez gonfler 30 minutes. Ajoutez les pommes, la farine et la levure, mélangez bien. Beurrez et chemisez un moule de 18 cm de diamètre, versez-y la préparation et décorez avec les cerneaux de noix. Mettez au four (180°) 1 h 45 à 2 h, jusqu'à ce qu'une lame de couteau piquée dans le gâteau ressorte sèche. Laissez refroidir quelques instants dans le moule, puis démoulez sur une grille.
Pour un moule de 18 cm de diamètre

Friandises aux noix

125 g de margarine végétale
12 cl de miel liquide
75 g de sucre roux
250 g de flocons d'avoine
50 g de noix concassées

Faites fondre dans une casserole la margarine avec le miel et le sucre, incorporez les flocons d'avoine et les noix, mélangez bien. Versez dans un moule de 18 × 28 cm, beurré ; lissez le dessus. Mettez au four (180°), 25 à 30 minutes.

Laissez refroidir dans le moule pendant 2 minutes, puis coupez en bâtonnets. Laissez dans le moule jusqu'à refroidissement complet.
Pour 20 friandises

Gâteau au muesli ; friandises aux noix

Friandises à la banane

Friandises à la banane

125 g de margarine végétale ou de beurre
125 g de mélasse
2 œufs
125 g de farine complète
2 cuillères à café de levure chimique
2 bananes écrasées
125 g de noix hachées

Battez la matière grasse et la mélasse pour obtenir un mélange léger et mousseux. Incorporez les œufs un par un en battant, en ajoutant avec le deuxième une cuillère à soupe de farine. Ajoutez le reste de la farine et la levure avec les bananes.

Beurrez et chemisez un moule carré de 2 cm de côté, versez-y la préparation, saupoudrez avec les noix hachées et mettez au four (190°) 20 à 25 minutes, jusqu'à ce que le gâteau résiste à la pression du doigt.

Laissez refroidir 2 minutes, coupez en 16 bâtonnets ; mettez à refroidir sur une grille.

Pour 16 friandises

Gâteau au chocolat

125 g de mélasse
2 œufs
12 cl d'huile de maïs
12 cl de lait
2 cuillères à soupe d'extrait de malt
175 g de farine complète
25 g de cacao en poudre
2 cuillères à café de levure chimique
125 g de fromage blanc non lissé
75 g de chocolat à croquer

Mélangez dans une terrine la mélasse, les œufs, l'huile, le lait et l'extrait de malt. Ajoutez la farine, le cacao et la levure, et battez pour obtenir un mélange homogène. Versez la préparation dans 2 moules de 18 cm de diamètre, lissez avec une spatule.

Mettez au four (160°) 25 à 30 minutes, jusqu'à ce que les gâteaux résistent à la pression du doigt. Démoulez sur une grille, laissez refroidir. Dans une terrine, battez bien le fromage blanc. Faites fondre le chocolat au bain-marie, incorporez-le au fromage blanc, battez vigoureusement.

Avec la moitié de cette crème, tartinez un des gâteaux, posez l'autre dessus et décorez avec le reste de la crème lissée à la spatule.

Pour un gâteau de 18 cm de diamètre

Croquants aux noix de cajou

125 g de margarine végétale
10 cl de miel liquide
250 g de flocons d'avoine
50 g de noix de cajou hachées

Placez la margarine et le miel dans une poêle ; faites-les fondre à feu doux. Retirez du feu et incorporez le reste des ingrédients. Versez dans un moule beurré de 18 × 28 cm ; égalisez le dessus.

Faites cuire au four (180°) 25 à 30 minutes. Laissez tiédir 2 minutes, puis découpez les croquants. Laissez refroidir complètement avant de démouler.

Pour 20 croquants

A DROITE : *biscuits avoine et sésame ; carrés au sésame ; biscuits avoine et malt*

Biscuits avoine et sésame

75 g de flocons d'avoine
50 g de farine d'avoine
2 cuillères à soupe de graines de sésame grillées
75 g de mélasse
12 cl d'huile
1 œuf battu

Mettez dans une terrine les flocons et la farine d'avoine, les graines de sésame, la mélasse et l'huile, mélangez bien, laissez reposer 1 heure. Ajoutez l'œuf, mélangez.

Sur une tôle huilée, déposez des cuillères de pâte bien espacées, de la taille d'une cuillère à café, aplatissez-les avec une spatule.

Mettez au four (160°) 15 à 20 minutes, jusqu'à ce que les biscuits soient bien dorés. Laissez refroidir deux minutes, puis mettez-les sur une grille.

Pour 25 biscuits environ

Carrés au sésame

175 g de farine d'avoine moyenne
50 g de graines de sésame grillées
6 cuillères à soupe de miel liquide
6 cuillères à soupe d'huile
50 g de sucre roux en poudre

Mélangez tous les ingrédients dans une terrine. Versez la préparation dans un moule à gâteau roulé de 20 × 30 cm beurré, lissez le dessus avec une spatule.

Mettez au four (180°) 20 à 25 minutes. Laissez tiédir 2 minutes, coupez en 24 carrés. Laissez refroidir complètement avant de démouler.

Pour 24 carrés

Biscuits avoine et malt

12 cl d'huile
3 cuillères à soupe d'extrait de malt
50 g de sucre roux
125 g de gros flocons d'avoine
125 g de flocons ordinaires
2 cuillères à soupe de graines de sésame grillées

Faites chauffer doucement dans une casserole l'huile, l'extrait de malt et le sucre, ajoutez le reste des ingrédients et mélangez bien. Versez dans un moule carré de 20 cm de côté, beurré, lissez avec une spatule. Mettez au four (180°) pendant 30 minutes. Laissez tiédir 2 minutes dans le moule, découpez en 16 bâtonnets. Laissez refroidir complètement avant de démouler.

Le cas échéant, remplacez les gros flocons par 250 g de flocons ordinaires.

Pour 16 biscuits

Sablés au sésame

Sablés au sésame

175 g de farine complète
50 g de petits flocons d'avoine
1/2 cuillère à café de sel
1 cuillère à café de levure chimique
75 g de beurre
25 g de sucre roux
3-4 cuillères à soupe de lait
1 cuillère à soupe de graines de sésame

Mélangez dans une terrine la farine, les flocons, le sel et la levure, ajoutez le beurre coupé en petits morceaux pour obtenir une pâte brisée, incorporez le sucre. Ajoutez le lait, roulez en boule.

Abaissez la pâte au rouleau. Piquez-la à la fourchette, découpez des ronds de 6 cm de diamètre, badigeonnez-les à l'eau et saupoudrez de graines de sésame. Posez-les sur une tôle huilée et mettez au four (190°) 15 à 20 minutes. Faites refroidir sur une grille.

Pour 20 à 24 sablés

Sablés d'avoine

350 g de petits flocons d'avoine
1 cuillère à café de sel
1 pincée de bicarbonate de soude
40 g de margarine végétale
15 cl d'eau bouillante

Mettez dans une terrine les flocons d'avoine, le sel et le bicarbonate de soude. Coupez la margarine en petits morceaux dns un bol, versez-y l'eau bouillante et faites-la fondre. Incorporez le mélange aux flocons pour obtenir une pâte.

Saupoudrez une planche de flocons, pétrissez la pâte. Saupoudrez celle-ci de flocons, abaissez-la au rouleau pour obtenir deux cercles de 25 cm de diamètre. Découpez-les en 8 parts, que vous déposerez sur une tôle huilée.

Mettez au four (150°) pendant 1 heure. Laissez refroidir sur une grille. Pour servir, faites réchauffer les sablés si besoin est. Dégustez-les tartinés de beurre.

Pour 16 sablés

Biscuits au muesli

125 g de beurre
10 cl de miel liquide
350 g de muesli
2 cuillères à soupe de graines de tournesol

Faites fondre doucement dans une casserole le beurre et le miel. Retirez du feu et incorporez le reste des ingrédients.

Déposez des cuillères de cette pâte sur des tôles beurrées légèrement, en les espaçant bien. Faites dorer au four (190°) 10 à 12 minutes. Attendez 3 minutes avant de décoller les biscuits avec une palette ; laissez-les refroidir sur les tôles.

Pour 16 biscuits

Cake aux dattes et aux noix

125 g de All Bran
75 g de mélasse
125 g de dattes hachées
50 g de noix hachées
30 cl de lait
125 g de farine complète
2 cuillères à café de levure chimique

Mettez dans un saladier le All Bran, la mélasse, les dattes, les noix et le lait, mélangez et laissez reposer 1 heure. Ajoutez la farine, la levure, mélangez bien. Versez dans un moule à cake de 500 g, beurré et chemisé, mettez au four (180°) 55 minutes à 1 heure. Vérifiez que le gâteau est cuit en y piquant une lame de couteau qui doit ressortir sèche. Mettez à refroidir sur une grille.

Pour un gâteau de 500 g

Petits gâteaux au yaourt

250 g de farine complète
1/2 cuillère à café de sel
1/2 cuillère à café de levure chimique
50 g de margarine végétale ou de beurre
1 cuillère à soupe de sucre roux
150 g de yaourt nature
lait pour badigeonner
graines de sésame pour décorer

Versez dans une terrine la farine et le sel, ajoutez la levure. Faites une pâte brisée en incorporant la matière grasse coupée en petits morceaux. Ajoutez le sucre, puis le yaourt, et faites une pâte souple. Pétrissez-la sur une planche farinée, abaissez sur une épaisseur de 2 cm. Découpez des ronds de 5 cm aux bords dentelés, posez-les sur une tôle farinée. Badigeonnez avec le lait, décorez ave les graines de sésame et mettez au four (220°) 12 à 15 minutes. Laissez refroidir sur une grille.

Pour 12 à 14 gâteaux

Gruyère - sésame
Ajoutez une pincée de piment de cayenne à la levure chimique. Remplacez le sucre par 75 g de gruyère râpé et 1 cuillère à soupe de graines de sésame. Ajoutez 1 cuillère à café de moutarde dans la pâte.

Dattes - noix
Mélangez 1/2 cuillère à café de cannelle à la levure chimique. Incorporez au sucre 25 g de dattes hachées et 25 g de noix concassées.

Cake aux dattes et aux noix ; petits gâteaux au yaourt

INDEX

Remerciements

Photographies de Roger Phillips, Fred Mancini,
Charlie Stebbings et Paul Williams

Styliste : Hilary Guy

Plats préparés par Allyson Birch

Maquette de Patrick McLeavy